君主制とはなんだろうか

君塚直隆 Kimizuka Naotaka

JN052685

★——ちくまプリマー新書

450

目次 * Contents

イラスト…米村知倫

はじめに　「王様は何でえらいの？」

「王様は何でえらいの？」。この言葉は、喜劇王チャーリー・チャップリン最後の主演映画『ニューヨークの王様』（一九五七年）に出てくるセリフです。

ヨーロッパのとある国の王様だったシャドフ国王は、革命のため国を追われてアメリカに亡命し、ホテル暮らしをしていました。そのころ出会ったルパートというまだ一〇歳の少年は、両親が共産主義者で、彼自身も政府を信用しない無政府主義を唱える、博識な子どもでした。やがて両親が政府に逮捕され、少年はホテルでかくまわれましたが、彼が突然王様に訊《き》いた質問。それが冒頭の言葉でした。老年に達していた王様自身もそのようなことはこれまで考えたことさえなかったのか、答えに詰まってしまうのです。

みなさんのなかには、「そもそも王様などえらくはない」と思っているかたも多いかもしれませんね。

チャップリンが扮するシャドフ国王は、亡命の身であるとはいえ、最高級ホテルのこれまた最高級の部屋に泊まり、出会う人すべてから最敬礼で挨拶をされていました。この姿を見て、少年も「なぜ王様はえらいのか？」と自問し、思わず王様自身に問いかけたのでしょう。しかし、シャドフ国王に限らず、私たちも「なぜ王様はえらいのか？」と改めて尋ねられると、果たしてこれにきちんと答えることができるのでしょうか。

二一世紀のこんにち、世界には「王様」と呼ばれる人が二〇人います。これに大公や公爵、侯爵、首長と呼ばれる「君主」もあわせますと、世界には二八の君主国が存在します。そのなかにはこの日本も含まれます。天皇もやはり君主として位置づけられるからですね（その理由は第5章で述べます）。しかし、世界に二〇〇に近い国が存在するなかで、王様はずいぶんと減ってしまいました。

王様は自分勝手？

そもそも君主制とはなんなのでしょうか？　君主制を意味する英語の「monarchy（モナーキー）」の語源は、古代ギリシャ語で「monarches（モナルケス）」といい、「ひとりによる支配」を意味する言葉です。これを聞くと、ひとりの人間が絶対的な権力を持ち、多くの人々を意のままに支配するようなイメージを抱いてしまいますね。

政治学の言葉では、君主制とは、国家権力や主権（国家がさまざまな決定をおこなう際の最終的な決定権や国を代表する政治的権威）がひとりの人間に属する国家形態を意味します。このひとりの人間には通常は、皇帝（天皇）、国王（女王）、首長といった称号がつけられ、世襲（親から子、孫など代々）で引き継がれていく事例が多くを占めます。

なお、この本では西ヨーロッパにおけるキリスト教世界の頂点に立つローマ教皇（九七頁）やイスラーム共同体の最高権威者であるカリフ（八七頁）といった宗教的な指導者は「君主」とは位置づけず、世俗的な（宗教色の薄い）王侯たちを主な対象として扱っていきます。

これに対して現在の世界の大半の国々が採用しているのが共和制です。共和制は英語では「republic（リパブリック）」といい、こちらは古代ローマ帝国で使われていたラテン語の「res publica（レス・プブリカ）」という、公共物や公益を意味する言葉が語源です。

ひとりの人間に国家権力や主権が属する君主制に対し、共和制ではそれらが人民や人民の大部分に属し、人民によって直接的（国民投票などで）、あるいは間接的（国民が選挙で選んだ国会議員による投票などで）に選ばれた国家元首により統治がおこなわれます。アメリカやフランスなどに見られる「大統領」が一般的です。

こうした語源や定義だけから考えますと、君主たちは公共のことなど考えず、自分自身の利益や贅沢《ぜいたく》ばかり考え、『ニューヨークの王様』のシャドフ国王のように国民から国を追い出され、その結果、二一世紀までには世界中の国々が君主国から共和国へと替わってしまったかのように思われますね。

古代の王の仕事

時代をさかのぼること一万年ほど前、人類が植物の栽培や家畜の飼育を始めた新石器時代（紀元前八〇〇〇～前五〇〇〇年）には、各地を治める権力者が存在しました。最初は小さな村落の首長にすぎなかった存在が、やがていくつもの村々を統轄する大首長となり、いまから五〇〇〇年前頃からは「王」や「皇帝」と呼ばれるようになりました。

古代のエジプトやメソポタミア（現在のイラクのあたり）、インド、中南米（インカ）

やこの日本でも、王様は太陽と結びつけられ、さらには天と地を結ぶ存在、あるいはこの世とあの世をつなぐ存在と見なされるようになります。古代の中国でも皇帝は「天子《てんし》」と呼ばれました。天の委任を受けて天下を治める有徳者《うとくしゃ》を意味するわけです。

古代の王たちはこうした精神的・宗教的な象徴であるばかりでなく、自ら兵を率いて戦い、統治している民《たみ》（現在の言葉でいえば国民ですね）を護《まも》ることに命を捧げました。さらに自身の勢力圏が固まると、民に豊かな生活を保障しなければなりません。大規模な灌漑《かんがい》工事なども進め、作物の豊作や家畜の繁殖のための環境も整えていきます。そして民と民とのあいだで起こる争いごとを調停し、社会正義を維持する存在にもなっていきます。

こうした王たちの「政策」は、現代社会ではまさに各国の政府が毎日おこなっていますよね。王様がおこなってきた仕事は、実は人類の歴史が始まった瞬間から今日に至るまで基本的に続いているといってもよいのです。

なぜ君主制を学ぶのか

イスラーム世界を代表する歴史家のイブン・ハルドゥーン（一三三二〜一四〇六）は、次のような言葉を残しています。「文明なき王朝など考えもつかないのと同じように、王の権威なき文明などありえない。なぜなら人間というものは協調するように性格づけられており、政治的な指導力が宗教もしくは王の権威に基づくのは必定《ひつじょう》だからである」。

この本では、世界最古の政治制度ともいうべき、王様たちが統治する「君主制」というものに焦点を当て、このシステムが人類の歴史のなかでどのように現れ、どのような経緯をたどってきたのかを明らかにしていきます。それは同時に、「王様はなぜえらいの？」という問いをめぐる、探究の旅でもあります。

しかしなぜ私たちは「君主」や「王様」について学ぶ必要があるのでしょうか。先にも記したとおり、二一世紀のこんにちでは世界中のほとんどの国々が共和制に移行し、君主は地球上から姿を消す運命にあるのではないでしょうか。

数千年にもわたる長い歴史のなかで、人々の生活が豊かになり、外部の人々と争いごとを起こさず、また内部でもいさかいが起こらないように、つねに気を配ってきたのが王様たちでした。それはやがて二〇世紀になり、人口が爆発的に増え、社会の仕組みが複雑化するなかで、王様ひとりではとてもまかないきれなくなると、人民も政治に参加させて、多くの人々からなる政府によってまかなわれることになりました。

この過程で、ある国では王様と人民とが協調し合いながら政治が進められました。また別の国では王様やその取り巻きとなる貴族たちがいつまでも人民を政治から排除し続け、ついには革命によって君主制が倒されるようなことがありました。君主制の栄枯盛衰には、共同体の形成、人々の政治的な権利や義務といったすべてのことが詰まっているのです。

つまり君主制を探究することは、われわれ人類の歴史そのものを探究することにつながっています。そして将来的に君主制が地上から姿を消すのか、あるいは生き残り続けるのかを見ていくことは、現在でも君主制を採っている二一世紀の日本に住んでいる私たち自身の未来を見据えていくうえでも多くの示唆を与えてくれるのです。

君主たちの五〇〇〇年史

そのためにも、まずはいまから五〇〇〇年前の古代文明のなかから王様たちが登場し、彼らが統治を開始していった状況を見ていきます（第1章）。続いて古代から中世にかけて、さまざまな王や皇帝が登場するとともに、それぞれの地域に現れた哲学や宗教とも深く関わり、君主制が各地域で正統化されていく様子も見ていきましょう（第2章）。

やがて君主たちは、地域によって時差は生じたものの、その権力を自分ひとりに集中する「絶対君主制」を確立していきます（第3章）。しかし、その君主やそれを取り巻く貴族たちが私利私欲へと走って、人々（市民）の幸せを考えなくなってしまうと、「革命」という事態に直面します。それは世界中を舞台に一八世紀から二〇世紀に生じた現象でした（第4章）。こうした教訓をいかして、二一世紀の現代にも生き残る君主制は、国民からの支持に基づき、公共の福祉のために日々努力していくことになります（第5章）。

それでは早速、みなさんを五〇〇〇年前の中東世界にお連れして、君主制の萌芽が人類に誕生していく様子を見ていくことにいたしましょう。

第1章

王の誕生――太古から古代へ

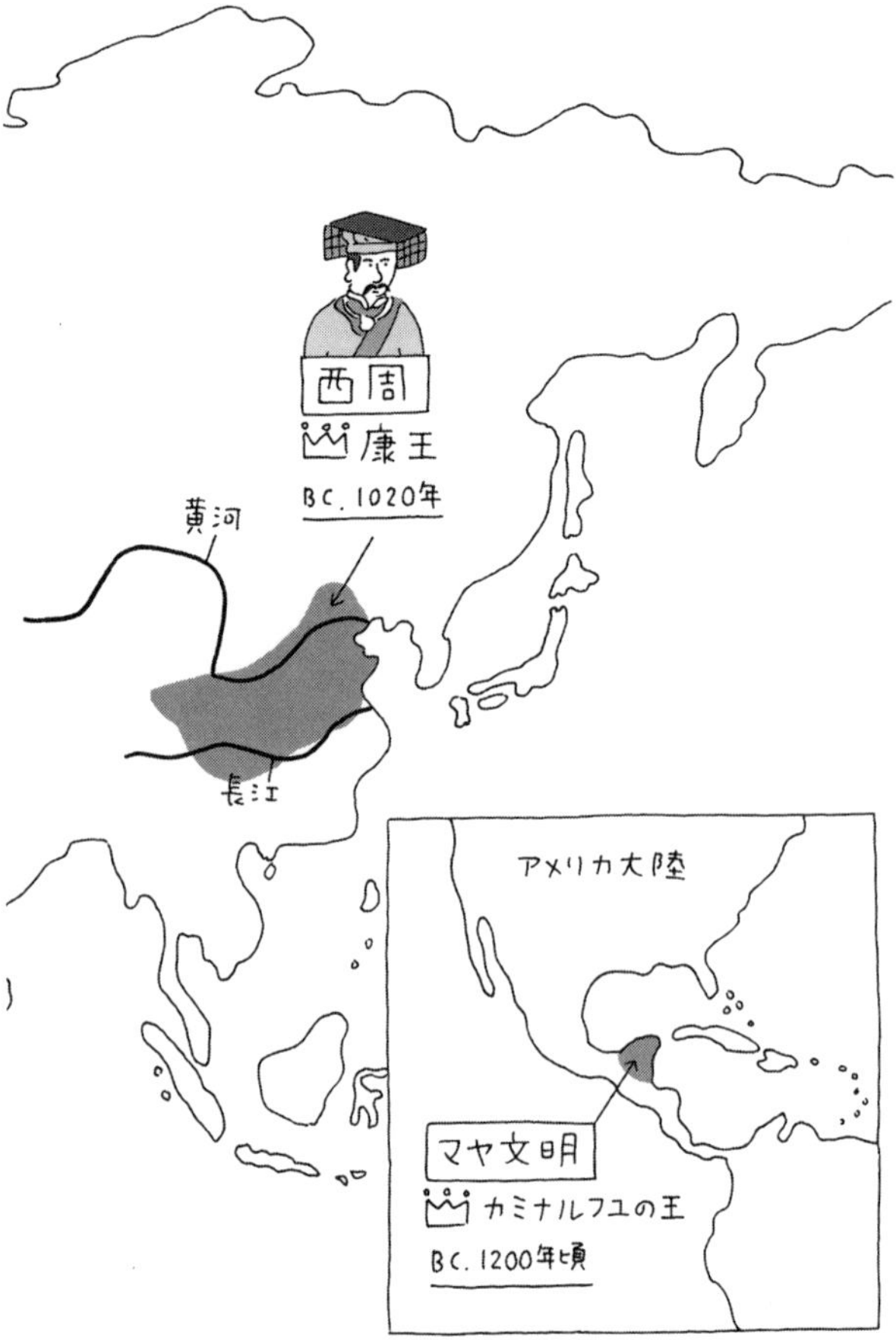
西周
康王
BC.1020年
黄河
長江
アメリカ大陸
マヤ文明
カミナルフユの王
BC.1200年頃

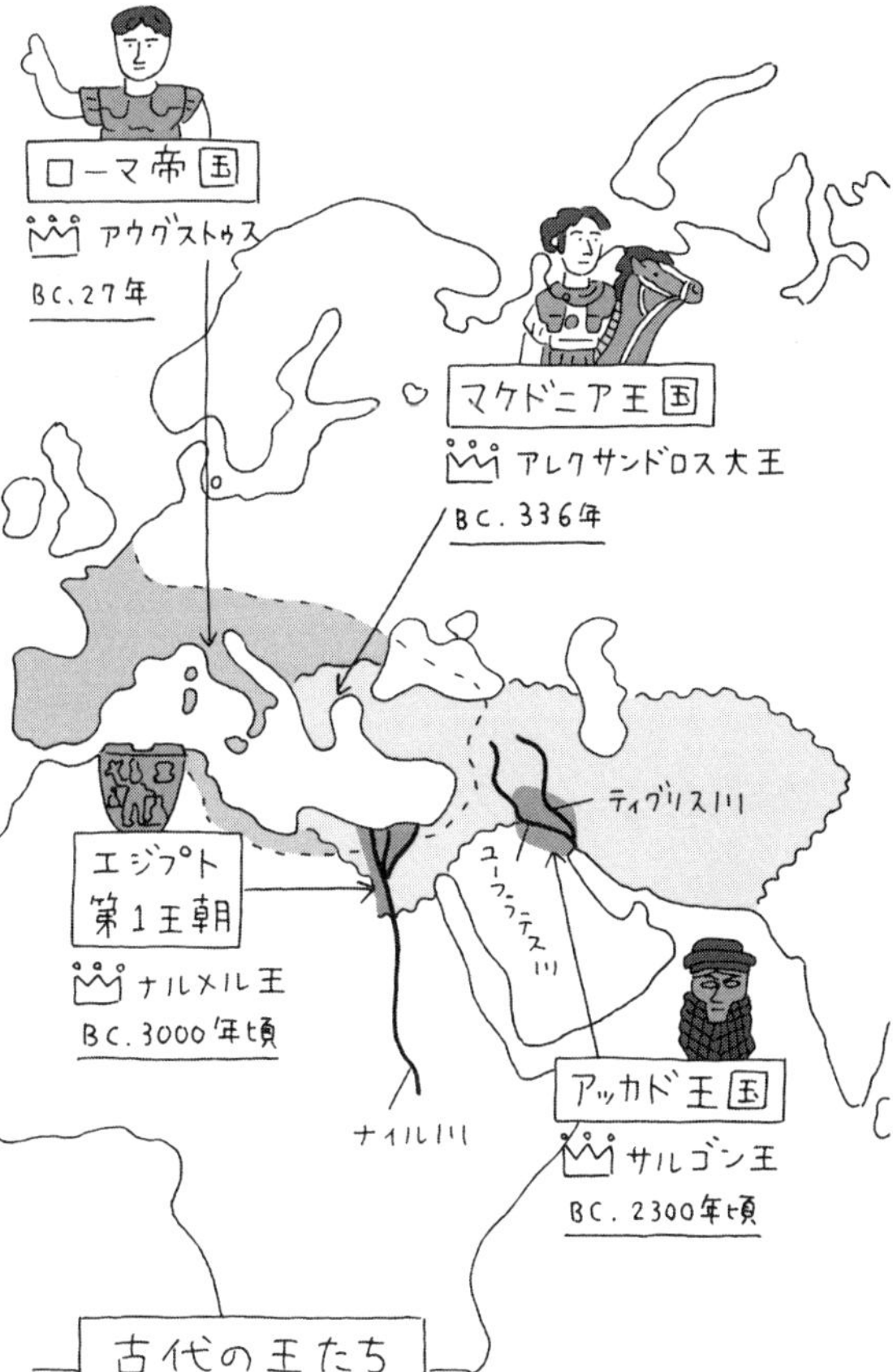
ローマ帝国
アウグストゥス
BC.27年
マケドニア王国
アレクサンドロス大王
BC.336年
ティグリス川
ユーフラテス川
エジプト
第1王朝
ナルメル王
BC.3000年頃
ナイル川
アッカド王国
サルゴン王
BC.2300年頃
古代の王たち

この章では、人類の歴史が始まると同時に、各地に「王様」たちが登場してきた背景を探っていきましょう。人類が農耕や牧畜を開始し定住をすると、①外部からの攻撃に対する防衛、②領域内の豊饒《ほうじょう》と平安の確保、③社会正義の維持、という三つの役割を果たす指導者が望まれるようになります。それが「王様」となっていくのです。

王様たちは、自ら身体《からだ》を張って人々の命を守ると同時に、農耕や牧畜などで大がかりな作業が必要な場合には率先してこれを指導し、人々のあいだでいさかいが生じた場合には「法」に基づいてこれを仲裁していくようになります。

また、農耕生活が定着し、商業なども盛んになると、王様たちは一年間の「暦（カレンダー）」を統御するとともに、金貨や銀貨などの貨幣も鋳造《ちゅうぞう》させて、経済全体もコントロールしていくことになります。これらが最初に誕生したのが、人類揺《よう》籃《らん》の地というべき現在の中東（エジプト・メソポタミア文明）だったのです。

人類最古の国家形態？

この本で取り上げる「君主制」は、人類が生み出した国家形態のなかで最も長続きしているもののひとつです。この制度がいつどこで誕生したのかは明らかになってはいませんが、この地球上のあらゆる地域、あらゆる時代に共通して見られてきたことだけは確かです。

君主制の起源のひとつは社会の階層化です。個々の人間が自分たち（家族）が食べていくだけで精一杯という、狩猟採集を中心とする時代までは、人間社会には基本的に階層は存在しなかったと考えられます。いわゆる新石器時代（紀元前八〇〇〇～前五〇〇〇年）になり、人類は植物を栽培することで農耕に基づく食糧生産を開始し、牛や羊など家畜を飼育することで牧畜に基づく乳製品や食肉の生産を開始していきます。この結果、米や麦、保存食といった富の蓄積が可能になることで、次第に「格差」が生まれていきます。これが社会的な分業、階層制度、さらにはより豊かな土地や多くの食糧、金銀などを求める征服へとつながっていくのです。

農耕や牧畜を先に始めていた人々は、この征服によって別の地域の人々を奴隷にしたり、ものを奪う一方で、農耕、牧畜、道具、武器、金属、さらには火力や調理法なども伝えました。こうして、人々は「文化」を築いていくわけですね。

ファラオとルガル

人類の歴史のなかで農耕や牧畜が初めて見られたとされる地域のひとつが「肥沃な三日月地帯」と言われる場所でした。現代でいう、ペルシャ湾からイラクを経て、シリアやパレスチナ、そしてエジプトにまでいたる地域です。ここで新石器時代が始まる少し前の紀元前八五〇〇年頃から農耕が始まり、やがて前三五〇〇年ぐらいまでには都市や文字も生み出されていきます。

こうして一定程度の人口を擁する都市は「国家」ともいうべき規模に膨れ上がり、そこを統治する階層も登場していきます。小さな村落程度であれば「首長」のレベルで済んでいましたが、数千人あるいはやがて数万人にも規模が拡《ひろ》がれば、「王」という名にふさわしい指導者が現れても不思議ではありませんね。この時期に「王様はえらく」なりました。

「肥沃な三日月地帯」のなかでも最も早い時期に「王」が登場したのがエジプトでした。ここはナイル川が毎年一〇月頃に氾濫を起こし、大地に水分と肥料分をもたらしてくれました。この豊かな土地で農耕が始まり、それは国家へと発展します。この国家を統治する王はエジプトの言葉で「ペル・アア(per-aa)」と呼ばれるようになりました。「大きな家」という意味です。すなわち巨大な王宮に住んで人々を指導していくわけですね。この言葉がのちに古代ギリシャ語で「ファラオ(Pharaoh)」と訳されていきます。

エジプトより若干遅れて、こんにちのイラクのあたり、ティグリス川とユーフラテス川の間にも農耕や牧畜が始まり、やがてそれは国家へと成長していきます。「両大河のなか」を意味するメソポタミアですね。ここにも「エン」や「エンシ」と呼ばれる王が現れますが、彼らは都市国家の王にすぎませんでした。これが紀元前二四世紀頃に領域的な統一国家へと拡大すると、王は「ルガル(Lugal)」と呼ばれるようになります。

この太古の時代の国家は、こんにちの私たちが暮らす国家とはだいぶ異なっていました。現在では、国民生活のほとんどすべてが行政府(政府から都道府県・市町村レベルまで)によって細かく統御される一方で、健康保険制度や年金制度などで保障もされています。それは太古の昔にはもちろん存在しませんでした。

しかし、現在の中東地域に初期的な「国家」とそれを統治する「王」が誕生するようになると、王たちには重要な責務が課せられるようになります。その主なものが、①外部からの攻撃に対する防衛、②支配領域内の豊饒と平安の確保、③社会正義の維持、という三つへと集約されていくのです。

この三つは中東地域に限らず、これから本書で検討していく世界中のあらゆる地域で、いつの時代においても王や国家（政府）が民（国民）のために示していく大切な「政策」となっていきます。それでは順次これを見ていくことにいたしましょう。

1　国家の防衛――「戦闘の王」の誕生

ナルメル王の登場

現在残っている資料のなかで最も古い「王」と考えられているのが、古代エジプト第一王朝（紀元前三一〇〇頃～前二九〇〇年頃）を創始したナルメル（紀元前三一五〇年頃）です。彼はエジプトに本格的な王朝を築いたとされる何人かの王と同一人物と考えられ、

図1　ナルメル王のパレット

その姿が石板に残っています。いわゆる「ナルメル王のパレット」です（図1）。

この石板からもさまざまな情報が伝わってきます。石板の表面には古代からある代表的な武器である「槌矛《つちほこ》（メイス）」を手に敵を殴ろうとしている姿が描かれています。また裏面には大勢の家臣を連れて行進をしている姿もあります。表面でナルメルが被《かぶ》っているのはヘジェトというエジプト南部の支配者に特有の白い冠であり、裏面で被るのはデシェレトというエジプト北部の支配者に特有の赤い冠です。すなわちナルメルは南北エジプトを統一した王《ファラオ》なのだということを意味しているわけですね。

この石板の表面にもあるとおり、外敵からの攻撃に対する防衛は王にとって大切な責務であると同時に、逆にその勢力圏を外部へと拡大していくことも、王の権威をさらに高めるために重要な意味を持ったことでしょう。

いつの世の中でも同じことですが、多くの人々は「満足」というものを知りませんね。美味《おい》しい食べ物や綺麗《きれい》な服飾品、快適な住居などを手に入れると、ひとはもっと多くの美味しいものや綺麗なもの、大きな家を得ようと、他人の土地や領土に手を出していくのです。二一世紀のこんにちでもそれは見られる現象ですが、ましてや現代のような国際政治の規範《ルール》がない古代の世界においてはなおさらのことでした。

古代の王たちは、エジプトに限らず、こうした戦場での功績を碑文や浮彫り《レリーフ》のかたちにして数多く残しています。あとで登場するアッカドやウル、さらに地域も時代も違いますが、南米の古代マヤ文明中期（紀元前一〇〇〇〜前一〇〇年頃）の石碑にも同じように「戦う王」たちの姿が残されています。

古代エジプトは、このナルメルの時代から王朝が始まり、およそ二六〇〇年のあいだに三一の王朝が現れました（複数並立していたこともあります）。

なかでも第四王朝（紀元前二六一三頃～前二四九四年頃）の時代には、みなさんにもおなじみですが、現在でもカイロ近郊のギザにその雄姿をとどめるピラミッドが建設されていきます。

「全土の王」サルゴン

パレットの存在があるとはいえ、ナルメル王についてはあまりよくわかっていないのが実情です。人類史上で初めて登場する「傑物」ともいうべき存在は、現在のサウジアラビアとイランの中間に位置する「アッカド」と呼ばれる地域から現れました。サルゴン大王（在位：紀元前二三三四頃～前二二七九年頃）です。

メソポタミアでは、エジプトにナルメルが登場する頃までには、ウルクという都市文明が発展し、その王ルガルザゲシ（在位：紀元前二三五八頃～前二三三四年頃）の時代にはシュメールと呼ばれる地域が統合されていきます。シュメールはエジプトと並び古代に存在した高度な文明のひとつですね。それが隣国アッカドの王サルゴンによってシュメールの諸都市が破壊され、ルガルザゲシも打ち破られ、ここにサルゴンはアッカドと

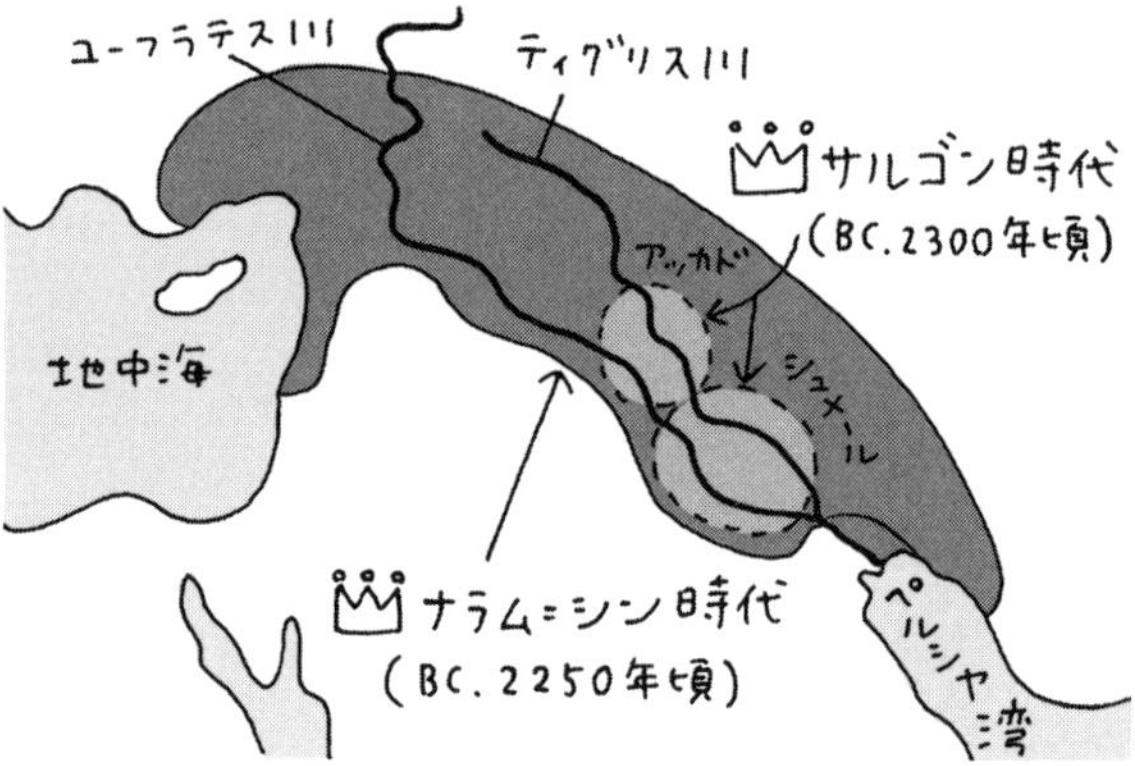

図２　アッカド王国の領土

シュメール双方の王に収まることになります（図2）。

ルガルザゲシまでは「国土の王」という称号が使われていましたが、サルゴンは「全土の王」を名乗り、それは碑文にも現れてきます。シュメールでもアッカドでも、その神話ではエンリル神が地上の人間世界を統治する最高神とされており、サルゴンはエンリルから双方の王権を授けられたのです。

そのサルゴン大王の孫にあたるナラム＝シン（在位：紀元前二二五四頃～二二一八年頃）になると、さらにアッカドの勢力は拡張し、東はペルシャ湾、西は地中海にいたる広大な地域が彼の支配下に入ります。

ナラム＝シンは「四方世界の王」を名乗り、まさに東西南北のすべてを支配したと豪語します。さらにこの頃から「王の神格化」も始まり、ナラム＝シンはアッカドの守護神も同時に名乗っていきます。ただし、これはエンリル神と同格になったという意味ではなく、あくまでもエンリルより下位に自らを位置づけながらも、アッカドという統一国家を築き上げたわけです（「王の神格化」については第2章でさらに詳しく述べていきます）。

エジプトでは冠が王の象徴として碑文に描かれていましたが、このナラム＝シンの頃から、アッカドでも王冠が重視されるようになります。それまで神々は角のある冠を着けて描かれていたため、ナラム＝シンもこれをまねて角のある冠を実際に被るようになるのです。

文明と野蛮の境界

メソポタミアにより強固な統一国家が築かれるのは、ウル第三王朝の二代目の王シュルギ（在位：紀元前二〇九四頃〜前二〇四七年頃）の時代です。ただしシュルギも王の神格化は進めたものの、エジプトでファラオが最高神と同一視されたのとは異なり、あくまでもエンリル神の下に位置する守護神としての立場は守りました。また、ナラム＝シン以降、「四方世界の王」を名乗るようになったものの、王を意味する言葉は「ルガル」に変わりがありませんでした。あとで述べるように、古代中国では、各地に王が登場したことで、その頂点に立つものはやがて「皇帝」を名乗るといった王権の質的な転換が生じますが（紀元前二二一年からの秦《しん》の始皇帝の時代）、このメソポタミアの地ではそうした転換は生じなかったのです。

このようにシュメール、アッカドといったメソポタミアでは、サルゴンやナラム＝シンという「戦闘の王」によって「帝国」ともいうべき勢力圏が築かれ、碑文には「サルゴン王は三四回の戦いに勝利し、街々を破壊し、ついには海にまでたどり着いた」といった戦功が刻み込まれていきました。彼らの勝利は、それ以前にシュメールに見られた『ギルガメシュ叙事詩』と呼ばれる物語ともあいまって、それ自身が神話化されていきます。こうした神話は口頭伝承（口で伝えられる物語）や人形劇のかたちで周辺諸国に伝わりました。

なお、このメソポタミア北部からは「アーリア」を自称する民族が紀元前一五〇〇年頃に南下し、パンジャーブ地方（現在のインド北西部からパキスタン北東部にかけて）へと侵入し、先住民との対立や交流を重ねながら、牧畜を主とする半定着の生活を始めていきます。インドには、紀元前七〇〇〇年紀から前二〇〇〇年紀にかけて、各地に定住と農耕・牧畜を基盤とする食糧生産が見られていました。後期ヴェーダ時代と呼ばれる紀元前一〇〇〇年頃からの四〇〇年間に、鉄器の使用も始まり、農業生産が飛躍的に向上します。

この結果、生産活動に直接従事しない階級も本格的に現れ、ここにバラモン（司祭）、クシャトリア（王侯・武人）、ヴァイシャ（庶民）、シュードラ（隷民）の四つからなる「ヴァルナ制度」という身分秩序が形成され、各ヴァルナの構成員は同じヴァルナの内部で結婚し、自身のヴァルナの職業を世襲する宗教的な義務が生まれていきます。現代にも続くカースト制度の始まりです。

また、外部の攻撃から防衛し、外部を侵略するという王たちの姿勢は、やがて文明＝都市＝社会と野蛮＝自然＝外夷《がいい》という区分にもつながりました。こうした感覚は古代の中国にも同様に現れます。「四方世界」にも通ずる「四夷（東夷・西戎《せいじゅう》・北狄《ほくてき》・南蛮）」という、東西南北にいる野蛮な民と「中華」たる自分たちとを分ける考え方ですね。紀元前七世紀に書かれた『春秋左氏伝』という書物のなかにも「徳は以《もっ》て中国を柔《なつ》け、刑は以て四夷を威《おど》す」という文言が出てきます。徳は中国だけに通じるもので、野蛮人には刑で臨まなければならないというきわめて差別的な観念ですね。

このような感覚は洋の東西を問わず、文明が発達するとともに、世界中に広く見られる現象となっていきます。

2　豊饒の確保

灌漑と浚渫

古代の王たちにとって二つめの責務が、自身が支配する領域内で民に豊饒（作物が豊かに実ること）と平安を保障することでした。

古代エジプト文明に繁栄をもたらしたナイル川は、当時においては七〜八メートルぐらいの増水が農耕にとって理想的とされていました。つまり増水がこれ以下の水量であると、灌漑《かんがい》（河川などから農地に水を引くこと）される面積は少なくなり、より高地にある畑に水を送る水路が満たされなくなり、収穫量が減少してしまい、飢饉《ききん》にまで発展する可能性が高まります。逆に増水量がこれ以上になると、水路は破壊され、高台に立つ町まで水浸しになってしまいます。

ナイルの増水はエジプトの人々にとって極めて大切な問題であり、流域の随所に水位塔が設置され、つねに王の役人たちが詰めて見張っていました。ナイル川の水量を司《つかさど》ることは、ファラオにとって大切な責務だったわけですね。現代の日本社会では都道府県や市町村の行政府の下でおこなわれていることもすべて「王の仕事」でした。

一方、古代メソポタミアの地では、年間の降水量が二〇〇ミリ以下であったため、人工灌漑に頼らなければ農耕は不可能でした。灌漑用の運河を開削し、灌漑施設を整備し、定期的に浚渫《しゅんせつ》（底面をさらって土砂を取り除くこと）するなどの維持管理に努めて、耕地の生産性を確保することは、この地の王にとって重要な責務のひとつでした。

同様の現象は中東から遠く離れた中央アメリカにも見られました。古代マヤ文明のひとつカミナルフユ（現在のグアテマラ）では、先古典期前期《せんこてん》（紀元前一二〇〇～前一〇〇〇年頃）に、湖から水を引き、高度な水利施設を設けて灌漑をおこなって、膨大な人口を支えていたことがわかっています。こうした作業を指揮した王は、先にも記したとおり、同時に「戦闘の王」でもあり、両手を縛られた捕虜が玉座に座るカミナルフユ王にかしずく姿が彫られた石像彫刻も残っています。

古代の中国でも、王たちが黄河中・上流域でやはり灌漑などをおこないながら農耕を進めていきました。史書に残されている中国最古の「夏《か》王朝」（紀元前二〇七〇頃～前一六〇〇年頃）がこの地に文明を築き、周王朝の時代（紀元前一〇四六頃～前二五六年）になってからも、彼らは自らを「夏」と称し、それは同じ読みの「華《か》」へと転じていきます。自分たちは「華やか」な文化の中心地であるとの強い自負心ですね。周はやがて周辺諸国と軍事同盟を結びますが、春秋時代（紀元前七七一年～前五世紀）以降にはこれら同盟諸国もあわせて「諸夏」「諸華」と呼ぶように変化します。

自らを諸夏、諸華などと呼んで、中心部＝文化的先進地＝中原《ちゅうげん》＝華と考える概念は、黄河流域で灌漑農耕を発展させ、さまざまな先進的文化を生み出したこの「中原」の地を、のちの漢族へと成長・発展させていく土台を築き上げたのでした。

神や太陽と結びつく王たち

このように共同体における豊饒を保障する存在とも見なされるようになった王たちは、地球上のいたる所で、農耕にとっても大切な「太陽」や「神」とも結びつけられる存在となっていきました。

古代エジプトでは太陽神（ラー）があがめられ（図3）、ファラオは「ラーの子」と考えられるようになります。古代インカ文明（現在のペルー）においても、王は「太陽の神（Inti）」の子孫とみなされ、同じような神観念や神話はインド、ペルシャ、古代ギリシャ、そしてこの日本にも見られますね。『古事記《こじき》』などに登場する「天照大神《あまてらすおおみかみ》」には太陽神としての側面や豊饒の神としての位置づけも与えられており、これがのちの「大王《おおきみ》」すなわち、天皇の祖先とされているわけです。

図３　ネフェルタリ王妃の墓内壁画に描かれた太陽神ラー

太陽と王との関係は古代に限らず、第3章に登場するフランス絶対王政最盛期の王ルイ一四世（在位：一六四三〜一七一五年）も、自ら「太陽王」を称して、太陽を模した装束を着て得意のバレエを人々に披露しているほどです。

また、太陽に限らず、共同体にとっての「神」と王とを結びつける慣習も世界の各地で見られます。イギリスの人類学者ジェームズ・フレイザーは「神聖王権（divine kingship）」という考え方を示しています。

フレイザーによりますと、①王は共同体の全体を象徴すると同時に、その内部の生殖と生命の全形態の成長に神秘的な方法で貢献しており、②王が病気にかかったり老衰の兆候が現れると殺されることもあり、③王は精霊の超越的な領域と人間世界の領域を媒介する機能を果たしている、とのことです。

実際にアフリカ東部（現在のスーダン）で生活するシルックや、アフリカ西部（現在のガーナ）のアサンテなど、アフリカの各地でも王は戦争の勝利や人々の健康、家畜や農作物の豊饒にとって大切な存在と考えられています。それは同時に、戦争での敗北や不作はすべて王の責任として転嫁されるということを意味していました。こうした場合には、王が交替させられたり、「王殺し《レジサイド》（ラテン語でRegicide）」という風習に訴えることもありました。

こうした風習とも関わりますが、人々に雨をもたらし、大地の豊饒と共同体の生物的な繁栄（子孫繁栄）を保障してくれる存在である王には、数々の「タブー（してはいけないこと）」ももうけられています。アフリカ中央部のクバ王国（現在のコンゴ）では、王には「夫人たちの前で食事をしてはいけない」「大地を横切ってはいけない」「何も敷いていない大地の上に座ってはいけない」といった、儀礼的なタブーがいくつもありました。

また、南太平洋に浮かぶタヒチやトンガといった地域でも、王様は神聖な先祖や神々の正統な子孫と見なされ、やはり人々に豊饒と幸福をもたらす存在でした。

東アジアにも同様の現象は見られました。古代の日本でも、文武《もんむ》天皇（在位：六九七〜七〇七年）が、干魃《かんばつ》の際に「私には天を動かせるほどの徳が足りないので、民が苦しんでいる」と雨乞いに努めましたし、なんと中国では清《しん》王朝時代の道光帝《どうこうてい》（在位：一八二〇〜五〇年）の時代になってさえも、「干魃の原因は私にある」と、皇帝自身が雨乞いの儀式をおこなうようなこともあったのです。

暦を支配した王たち

このように共同体に豊饒をもたらすと考えられた王たちは、神や太陽とも結びつけられましたが、それとも関連して、王たちはその太陽や星の運行に基づく「暦《こよみ》（カレンダー）」を統御するようになっていきました。

農耕でも牧畜でも、春夏秋冬といった季節に応じて、農作物や家畜を育てていくことが欠かせません。こうしたときに人々が注目したのが太陽の運行であり、月や星の運行でした。これらの動きから、やがて一年の暦が作られ、それを定めるのが王の役目となりました。

イギリスで活躍した人類学者のホカートも、「王が暦に責任をもつのは自然のなりゆきである。というのも、暦はただ単に一年の季節を記録するだけではない。暦は実際に一年の季節を制御し、暦は剝奪されることのない王の権利の一部である」と述べています。

実際に、月の満ち欠けで測る太陰暦、太陽の周期で測る太陽暦、さらに双方を掛け合わせた太陰太陽暦といった、さまざまな暦が世界中に登場していきました。そしてそのほとんどは、共同体に豊穣《ほうじょう》をもたらす存在として認められるようになっていた、各地域の王たちの命によって作り出されたのです。

東アジアの国々では、さらにこれに「元号」も加わり、明《みん》の洪武帝《こうぶてい》（在位：一三六八〜九八年）の時代から、皇帝の在位の年数がその時代を示す年号になっていきます。日本では、江戸時代まではときの天皇と直接関係のない名称が元号に充てられ、その時々に改元がおこなわれましたが、明治になってからは「一世一元制」が導入され、天皇が没後に贈られる「諡《おくりな》」が元号となりました。明治、大正、昭和などがそうですね。

東アジアでは太陰暦や太陰太陽暦が中心的に使われていましたが、現代世界の大半の国が採用しているのは太陽暦ですね。その大元を作らせたのが、ローマ共和国の最高指導者ユリウス・カエサル（英語名ではジュリアス・シーザー：紀元前一〇〇頃〜前四四）でした。紀元前四五年の一月一日から「ユリウス暦」と呼ばれるカレンダーが登場します。第2章で詳しく見ていきますが（六八頁）、当時のローマは共和制を採っていましたが、激しい権力闘争の末にカエサルが実権を握り、彼はやがて「皇帝」に即《つ》いて独裁的な力を振るうのではないかと言われていました。

この暦はカエサルの没後にローマ帝国が形成され、その帝国が西暦五世紀後半までにヨーロッパ西部で崩壊したのちも、変わらずに採用され続けました。やがて中世の西欧では科学の進歩に伴い、このユリウス暦でも若干の誤差が生じてしまうことがわかり、一五八二年からは新たな「グレゴリオ暦」が採り入れられます。この名前はときのローマ教皇グレゴリウス一三世（在位：一五七二～八五年）の名前に由来しています。

現在では、日本も含めて、世界中でグレゴリオ暦が採用されていますね。なお、ローマ帝国後期からヨーロッパ中に拡がったキリスト教は、早朝から深夜までさまざまな典礼や儀式が組まれており、時間に厳格な宗教でした。このため、ヨーロッパでは水時計や砂時計、油時計などが次々と改良され、一三世紀後半からは機械時計も発明されていきます。教会の鐘の音は、町や村の時間を統御する機能まで果たしていくわけですね。

また、イスラームの世界にはヒジュラ暦と呼ばれる独特の太陰暦もあります。このように王様や宗教的な指導者たちが、暦を支配し、人々の生活を形作っていくのです。

貨幣の顔になった王たち

さらに古代から王たちが統御するようになったのが人々の日常生活に欠かせなくなっていった「お金」でした。

紀元前三〇〇〇年紀から中東やインド、中国や日本、さらにはアフリカ、太平洋、南北アメリカ大陸に、次々と文明が登場するようになりました。はじめはそれぞれの地域だけで農耕や牧畜を営んでいた人々は、次第に「交易（通商）」にも乗り出していきます。

お互いに近い場所で交易がおこなわれる場合には、物々交換で済まされていたかもしれませんが、やがて遠距離交易が可能になると、金銀銅といった貴金属によって鋳造された「貨幣」も登場します。

現在残されている鋳造貨幣のなかで最古のものは、紀元前七世紀にリュディア（現在のトルコ西部）で流通した硬貨です。そこには「百獣の王」ライオンが描かれていますが、この頃から地中海世界で使用される硬貨の大半には、ギリシャ神話の神々が彫られました。

　これに大きな風穴を開けたのが、またもやカエサルだったのです。あまたの政敵を倒し、終身の独裁官に就任したカエサルは、その年（紀元前四四年）新たな貨幣を発行します。そこには月桂樹（ローレル）の冠を被る彼自身の横顔が彫られていました（図4）。それまで自身の横顔を硬貨に彫らせた権力者はいませんでした。かのマケドニアのアレクサンドロス大王（後述）でさえ、その銀貨は表面には古代ギリシャ神話の英雄ヘラクレスが彫られ、裏面にはその最高神ゼウスが描かれていました。

図4　カエサルのデナリウス銀貨

　この硬貨が通用する場所、それこそが偉大なるローマ共和国であり、この貨幣がまごうことなき本物であることを保証する人物、それこそがこのカエサルである、という彼自身の自負が感じられますね。しかしこの高慢さが仇《あだ》となったのか。この直後にカエサルは、彼が独裁体制をしくことを恐れた政敵らによって暗殺されてしまいます。

カエサルのあとを継いで最高実力者となったのは、彼の姉の孫でカエサル自身の養子となっていたオクタウィアヌスでした。彼は、カエサルの非業の最期から教訓を得て、独裁的な響きを持つ君主号は避け、元老院から贈られた「尊厳者（アウグストゥス）」を名乗るとともに、元老院でまず最初に発言できる資格を持つ「第一人者（プリンケプス）」、さらに軍隊の最高司令官に与えられる「命令権（インペラートル）」という三つの称号を巧みに使い分けて、事実上の「皇帝」に収まりました。

しかし、アウグストゥス（在位：紀元前二七～西暦一四年）によって開始されたローマ帝国では、カエサルに範をとり、歴代の皇帝たちは自らの横顔を刻んだ硬貨を鋳造させ、それは広大な帝国の全土に流通したのでした。

この慣習はローマ帝国が崩壊した後も、ヨーロッパ各地で踏襲されました。強大なフランク王国を築いたカール大帝（在位：七六八～八一四年）も、イングランド、スペイン、ドイツ諸国、フランス、イタリア諸国など各国の王たちも、自らの横顔を彫らせた金貨や銀貨を流通させていきます。その慣行は二一世紀の現在にまで続いていますね。

イギリスや北欧諸国（ノルウェー、スウェーデン、デンマーク）はもとより、ヨーロッパ連合（EU）の単一通貨ユーロ（EURO）を使用している国々でも、ベネルクス三国（ベルギー、オランダ、ルクセンブルク）やスペインでは、硬貨の裏側に各国の王や大公の横顔がいまも刻み込まれています。

3　社会正義の維持——法典の登場

人々の羊飼いに

そして古代の王たちの責務の三つめが、社会正義の擁護者としての役割です。「衣食足りて礼節を知る」という諺《ことわざ》ではありませんが、外敵からの脅威も和らぎ、領内での豊饒と平和を謳歌《おうか》するようになった人々は、今度はお互いのあいだで生じるようになった諍《いさか》いを「法」によって統治者に収めてもらうこととなります。

紀元前二二一二〜前二一一一世紀にメソポタミアの地に確立されたウル第三王朝の時代から、王の責務として加えられたのがこの社会正義の維持でした。ここでいう「正義」とは、社会・人間関係における正しさを意味します。悪業や暴虐を懲らしめることですね。「正義」を意味するシュメール語の「ニグシサ（nig-si-sa）」は、この王朝が形成される直前の頃に「正義《ニグシサ》を高揚し、悪業と悲嘆を屈服させる」という碑文で最初に使用されたといわれます。

ウル第三王朝が成立する以前の王たちにとって、正しさとは神に対して恭順であり、また神に対して敬虔《けいけん》なことを意味しました。しかしこの王朝からは、王にとっての正しさとは、人々のために社会正義を擁護することへと変わっていきます。

この時代の諺に次のようなものが見られます。「王のいない人民は、牧夫のいない羊のようである。頭領のいない人民は、監視人のいない川のようである。隊長のいない兵士は、農夫のいない耕地のようである」。

すでにメソポタミアの地で外敵からの脅威を取り除き、民に豊饒と平和を与えてくれる存在となっていた王は、ウル第三王朝の時代からは人間社会の指導者として人々に正義を示し、それを遵守させることを第一の職務としていきます。

ハンムラビ法典の牧人権

こうしたなかで、王朝の初代王ウルナンム（在位：紀元前二一一二～前二〇九五年）が作成させたのが、「ウルナンム法典」と呼ばれる史上最初の法典でした。法典のまえがきの最後には、「私は、憎しみ、暴虐、そして正義を求める叫び声（の原因）を取り除いた。私は国土に正義を確立した」と誇らしげに書かれてあります。

このの ち、イシン王朝五代目の王リピト・イシュタル（在位：紀元前一九三四〜前一九二四年）、エシュヌンナ（現在のイラク北東部）の王ダドウシャ（在位：紀元前一七八八〜前一七七九年）による法典がそれぞれ作成され、史上四番目に古い法典として知られているのが最も有名な「ハンムラビ法典」です（図5）。

バビロニア王国（現在のイラク南部）の初代王ハンムラビ（在位：紀元前一七九二〜前一七五〇年）は、社会的に最も弱い立場にある身寄りのない女児や寡婦（未亡人）に正

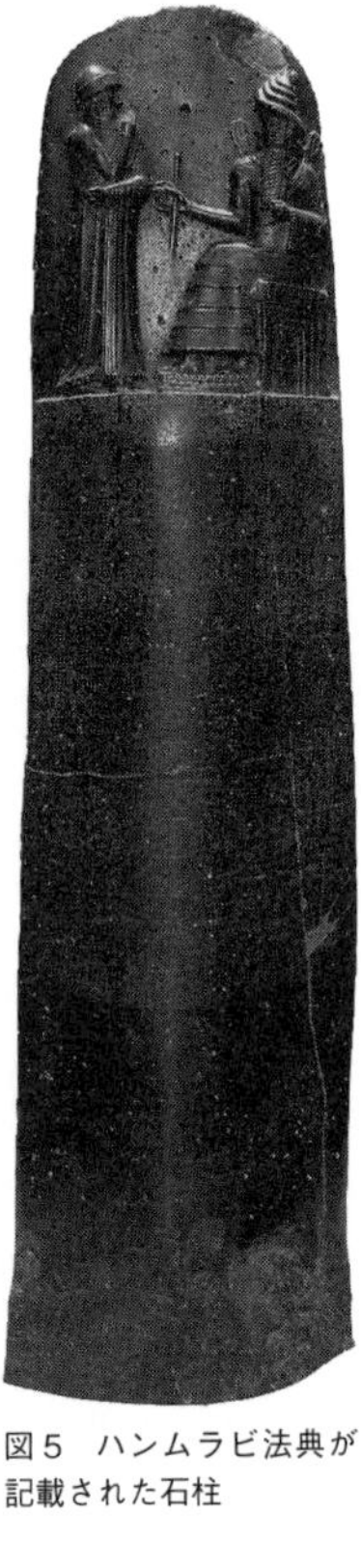
図5　ハンムラビ法典が記載された石柱

義を回復するため、また社会的に強い立場にあるものが弱い立場にあるものを虐げることがないように、法典を作ったと述べております。

ここでも使われているのが「牧人権」という言葉です。中東世界では羊は衣料や飲料、さらには食料をもたらしてくれる大切な家畜でした。その羊を民に、羊飼い（牧人）を王に見立てて、王たちは神から羊飼い（英語でshepherd：シェパード）になるよう命じられ、人々のために安全な場所を絶えず求め、隘路《あいろ》を切り開き、人々を光り輝かせたと、ハンムラビ法典にも書かれています。

この「羊飼い」という観念は、これより一四〇〇年も時が下ったアレクサンドロス大王没後のヘレニズム期においても、エジプトやシリア、パルティア（現在のイラン）の諸王によって強調されるものでした。また旧約聖書（創世記第四九章二四節）でも述べられるとともに、新約聖書（ヨハネによる福音書第一〇章一一節）では、イエス・キリスト自身が「わたしは良い羊飼いである。良い羊飼いは羊のために命を捨てる」と語っています。

また、第2章で詳しく説明しますが、春秋・戦国時代（紀元前七七一〜前二二一年）の中国で、君主による支配の根拠とされたのは、儒教の教えに基づく徳治と礼治でした。先にも示しましたが、君主が徳によって人々に範を垂れるという統治とともに、徳治にも含まれる「礼」による統治も重視されていきます。「礼」とは一般的な礼儀作法も含めますが、より広く秩序を維持するための規範ないし規範意識、あるいはそれらの具体的な行為形式である儀礼や制度を意味します。これ以後、中国には礼治国家が築かれていくとされています。

こうしてメソポタミアに端を発する「法典」は、その後の中東や世界各地域にも拡がり、王たちが社会正義を維持していく際の重要な手引きとなっていくのです。

外交のはじまり

このように洋の東西を問わず、自らが統治する領域において「正義」を守ることが古代世界の王たちの重要な使命となりました。そして一定程度の広大な領域を支配下に置いた王たちは、今度はお互いに礼儀を尽くして付き合いを始めていきます。いまの言葉でいう「外交」の始まりということになりますね。

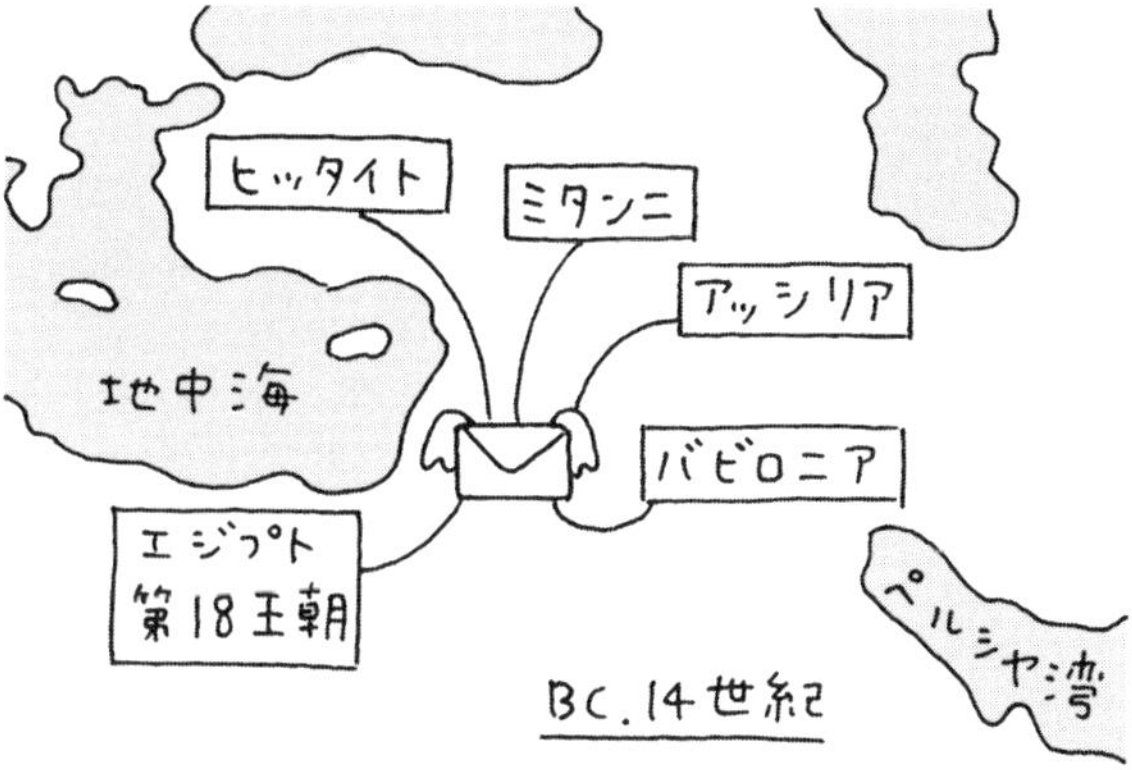

図6　アマルナ文書

現存最古の「外交文書」というべきものは、エジプトの首都カイロからナイル川をさかのぼること三〇〇キロの古都アマルナで発見されています。ここは今から三四〇〇年ほど前の紀元前一四世紀に当時のエジプト王国の都でした。都を移設した王アメンホテプ四世（在位：紀元前一三五三～前一三三六年）は、「黄金のマスク」で有名なかのツタンカーメン王のお父さんです。そのアメンホテプ四世が周辺の大国の王たちと取り交わした書簡が、「アマルナ文書」と呼ばれる楔形文字《くさびがたもじ》で記された粘土板だったのです。

　王が書簡をやり取りした相手は、ヒッタイト王国（現在のトルコ中央部）、ミタンニ王国（現在のトルコ東部とシリア）、バビロニア王国（現在のイラク南部）、アッシリア王国（現在のイラク北部）の王たちでした（図6）。

彼らはお互いに、①王朝間の結婚（政略結婚）、②高価な贈り物の交換、③定期的な使節の派遣、によって結ばれました。①については、共和制を採る国が大半を占めるようになった現代では見られませんが、二〇世紀前半まではヨーロッパでよく見られた慣習でした。そして②と③は、こんにちでも国家（政府）同士の間で普通に見られる慣習ですよね。

とはいえ、当時の中東の王様たちはどうやって交信を実現していたのでしょうか。現代では、英語が国際言語として使われる場合が多いですが、紀元前一四世紀の中東ではアッカド語がその役割を担っていました。王たちはアッカド語（楔形文字）の書簡（粘土板）を共通言語にやり取りし、「王」を示す言葉もアッカド語の「サルル（sarru）」を使っていました。かのサルゴン大王に由来する呼称ですね。先にも記しましたが、エジプトでは王は「ファラオ（ペル・アア）」でしたが、諸外国の王とやり取りするときはファラオも自らを「サルル」と称しました。

すなわちこの五大国間のやり取りに見られるのが「対等性」なのです。外交というものはお互いを対等と見なす場合にのみ成立する現象です。どちらかが上でどちらかが下では外交は生まれません。この五大国の王たちも書簡の書き出しは「わが兄弟（アッカド語で ahi）」という言葉で始まりました。

文化的に見れば、現在でも数多くの遺跡が残る第一八王朝（紀元前一五七〇〜前一二九三年）時代のエジプトが頭ひとつぬきんでていましたが、そのファラオでさえ四大国の王と同等の立場で接していたわけですね。

こうしてお互いを対等と見なした王たちは、姻戚《いんせき》関係で結ばれ、黄金を詰めた袋や宝石、香水、高価な木材や駿馬《しゅんめ》（良い馬）、さらには奴隷などの贈り物を交換し、お互いに外交使節も送りあって、友好関係を深めていったのです。やがて使節団を接遇する礼儀作法《マナー》も確立されましたが、これこそ人類最初の「外交」と言っていいかもしれませんね。

帝国の誕生へ

しかしやがてこのように均衡のとれた諸大国の関係は崩れていきます。紀元前八世紀の半ば頃から、このなかでアッシリア王国が強大な勢力を持ち、軍事遠征を繰り返すようになります。西方ではヒッタイトを滅ぼし、南部のバビロニアの王も兼ねるようになります。特にサルゴン二世（在位：紀元前七二一〜前七〇五年）から始まるサルゴン王朝四代目の王アッシュルバニパル（在位：紀元前六六九〜前六三一年）の時代には、アマルナ文書に登場した五大国のすべてが何らかのかたちで支配下に組み込まれてしまうほどに、その勢力は最大となります。まさに「アッシリア帝国」の誕生です。

アッシリアは首都ニネヴェを中心に、王が征服した土地は直接統治の属州に、アッシリアの宗主権（主として外交権などを委ねる）を認めた服属地を間接統治の属国としました。この手法は、のちにペルシャ帝国やローマ帝国でも踏襲されますが、まさに「世界帝国」のモデルとなったわけですね。

しかし、アッシュルバニパル王の死後、アッシリア帝国は分裂し、紀元前六〇九年には滅亡してしまいます。この直後に急速に成長を遂げていったのが、東方から登場したペルシャでした。騎兵術や軍事技術・情報伝達に長《た》けた彼らは、キュロス二世（在位：紀元前五五〇〜前五二九年）の時代にアケメネス朝を創設し、ダレイオス一世（在位：紀

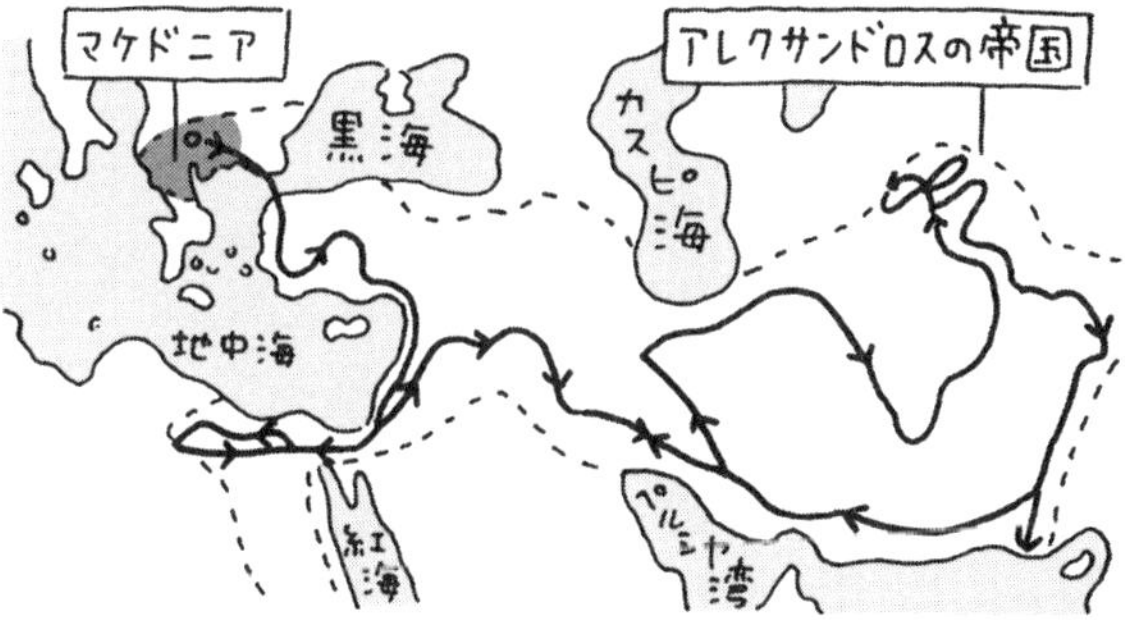

図7　アレクサンドロス大王の遠征

元前五二二～前四八六年）の時代までには、西はエジプトから東はインドとの国境にいたるまでの広大な領土を支配下に収めてしまいます。

ダレイオスは「諸王のなかの王（シャーハンシャー）」を自ら名乗り、ペルシャ帝国の頂点に君臨しました。

強大なペルシャ帝国は西方の小さな都市国家（ポリス）の寄せ集めにすぎないギリシャにとって最大の脅威となりましたが、やがて小国マケドニアから登場した「アレクサンドロス大王」ことアレクサンドロス三世（在位：紀元前三三六～前三二三年）によって滅ぼされてしまいました。アレクサンドロスは稀代《きたい》の武人として知られていますが、ペルシャ帝国を滅ぼした後も東方へと遠征を続け、故国を離れて八年ほどの間になんと一万八〇〇〇キロもの距離を踏破してしまったのです（図7）。それは地球の半周にも相当するものでした。

しかしこのような軍事力に基づく「帝国」には外交は見られませんでした。アレクサンドロスの大帝国も、彼の死とともにいくつもの国家に分裂していきます。こののち中東から地中海一帯を支配する帝国として現れたのが、先にも登場しましたが、カエサル亡き後にアウグストゥスによって創始されるローマ帝国でした。ローマの場合にも、支配下に置く属国との間に「外交」が生まれるはずもなく、また当時は「蛮族」とされたヨーロッパ諸民族を力でねじ伏せる政策を推し進めました。

一方、ユーラシア大陸の反対側に位置する中国では、春秋時代に北西部に勢力を持った晋《しん》が同盟を結ぶ諸侯の国々と協議をする会盟を軸に、「覇者体制」（紀元前六三二〜前五〇六年）と呼ばれる、外交に基づいた平和の時代が築かれます。また戦国時代には「戦国七雄」と呼ばれる七カ国のなかで、特に野心を示していた西方の秦を抑えるため、六カ国が協力体制を築き（合従《がっしょう》策）、これに対抗して秦が六国それぞれと個別に交渉して協力体制を切り崩す（連衡《れんこう》策）という、「合従連衡」の状態が見られました。

しかしそれも秦が各国を次々に平定し、始皇帝（在位：紀元前二四七〜前二一〇年）によって秦帝国が成立し（紀元前二二一年）、それに続いて漢帝国や隋《ずい》・唐といった帝国が中原の地に君臨するようになりますと、「外交」は中国からも姿を消していきます。

こうして洋の東西を問わず、ヨーロッパの暦でいう紀元前から西暦に移る頃には、ユーラシア大陸では「帝国」が常態化していくことになりました。ただし、中国では特に中原とその周辺では地形が比較的平坦であるため、各地域の独立性は弱くなり、帝国が何度となく分裂し、そのたびごとに王朝が交替したものの、「統一王朝」が成立しやすい素地ができあがったと言えます。ですから中国では短い場合には数年、長い場合には数百年にもわたって分裂することはありましたが、最終的には必ず統一された帝国が形成されました。

これに対して、中国に比べれば面積的に小さいものの、山あり谷ありのヨーロッパでは各地域の独立性が強まり、西暦四世紀末にローマ帝国が東西に分裂し、さらに五世紀後半に西ローマ帝国が滅亡するや、その後裔ともいうべき西ヨーロッパはいくつもの国々へと分かれていくのです。

王と民の密接な関係

このように紀元前三〇〇〇年紀から地球上に姿を現すようになった王は、①外敵からの防衛、②豊饒と平安の確保、③社会正義の維持、という三つの役割を通じて、自らが統治する民と密接な関係で結ばれると同時に、王は共同体にとってなくてはならない存在として各地でその地位が定着していくこととなりました。

帝国であれ、諸侯の治める国々であれ、いまや地球上の多くは「皇帝」もしくは「王」を名乗るような君主たちによって統治される状況となっていきます。そしてこれもまた洋の東西を問わず、多くの思想家や哲学者たちによって「君主のあるべき姿」というものも説かれていくことになります。さらにそこには紀元前五世紀ぐらいから西暦七世紀ぐらいにかけて、大きな空間的拡がりをもって伝えられた世界宗教の影響も加わっていくのです。次の章ではそのような状況を見ていくことにいたしましょう。

第2章

理想の王とは——古代から中世へ

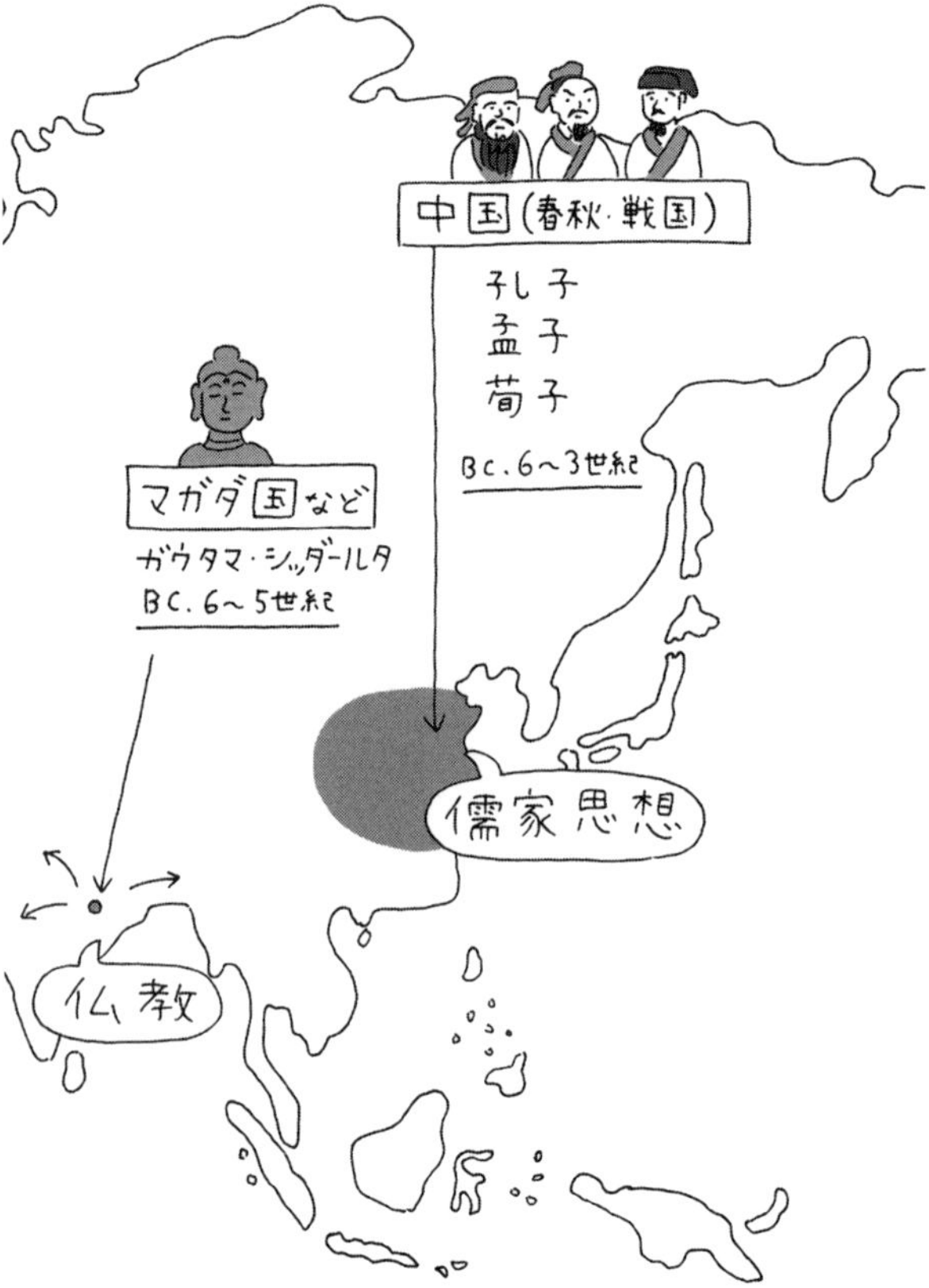
中国（春秋・戦国）
孔子
孟子
荀子
BC.6～3世紀
マガダ国など
ガウタマ・シッダールタ
BC.6～5世紀
儒家思想
仏教

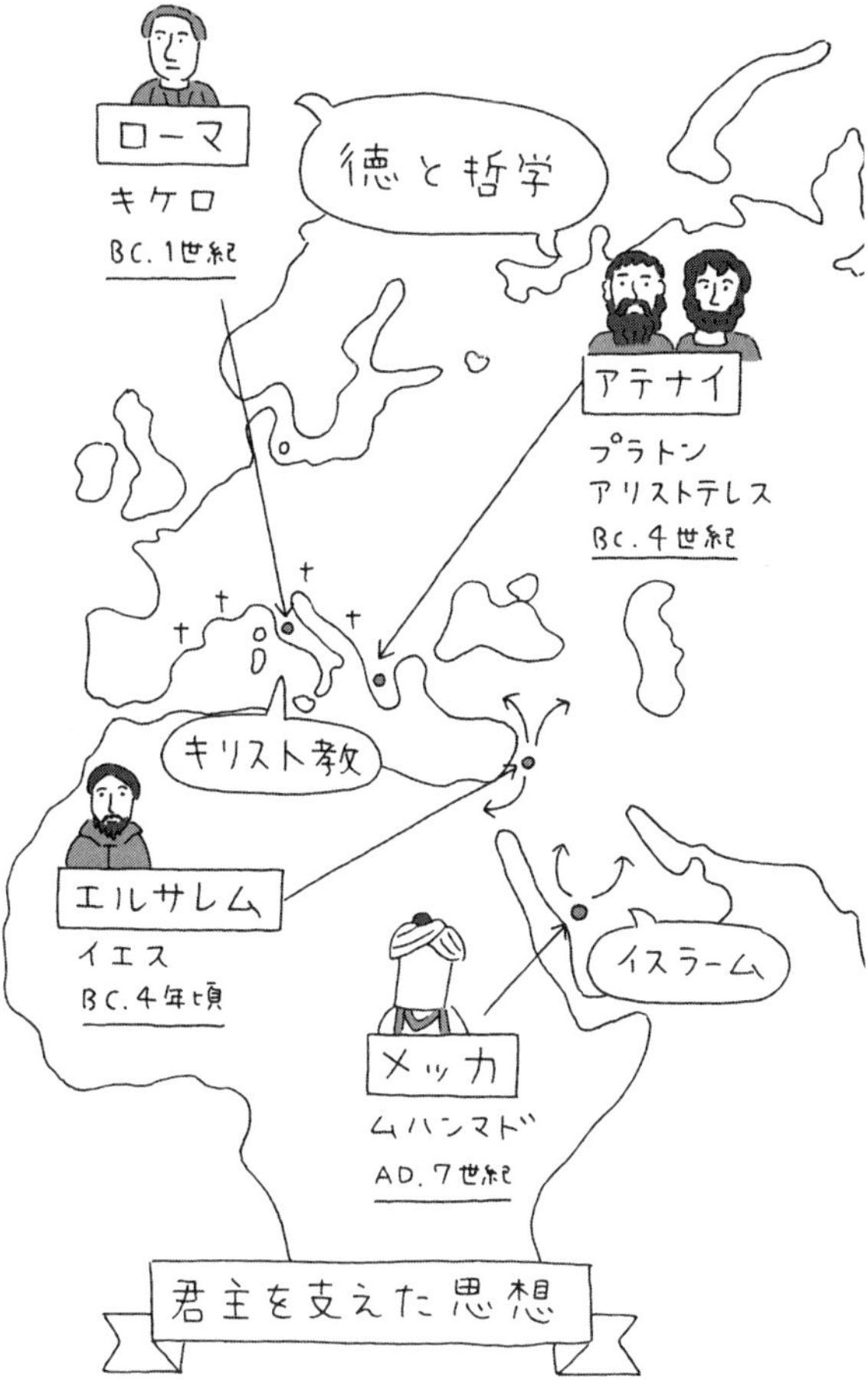
ローマ
キケロ
BC.1世紀
徳と哲学
アテナイ
プラトン
アリストテレス
BC.4世紀
キリスト教
エルサレム
イエス
BC.4年頃
イスラーム
メッカ
ムハンマド
AD.7世紀
君主を支えた思想

この章では、太古に登場した王様たちが民からの要求にこたえるため、さらにその領土を拡大していく一方で、この王様たちによる支配の正統性を支えてくれる宗教や思想と融合していく様子を見ていくことにいたしましょう。

古代から中世の時代になると、王様たちは「戦争に強い」「莫大な財力を持つ」という要素のほかに、「善行を施せる」「徳が高い」といった道徳的な側面からも人々から評価を受ける存在となっていきます。ちょうどそのような時期に登場したのが、中国の儒教、ギリシャ・ローマの哲学、そして仏教、キリスト教、イスラームといった宗教でした。

各地の王様たちは、これらの思想や宗教と結びつくことで「神聖なる存在」にまで高められると同時に、これらの哲学や宗教のあいだにも「君主の鑑《かがみ》（理想の君主像）」というものが形成され、すぐれた王様たちはこうした理想像に一歩でも近づこうと努力していくことになるのです。

第1章でみなさんと見てきたとおり、紀元前の一〇〇〇年紀までには世界各地に「王様」が登場し、民の統治にあたるようになりました。王たちが心を砕いたのは、外敵から領土を守り、民に豊饒《ほうじょう》を保障し、社会正義を維持することでした。とはいえこれら三つの政策をおこなうだけでも大変なことですね。

特に、第1章でも記しましたが、人間というものは「満足」を知りません。これら三つの政策にしても、時代が下るとともに民からの要求の度合いはどんどん高まっていきます。そのようななかでどうすればこれらを実現し、かつ安定した統治を維持できるのでしょうか。やがて世界各地に哲学者や思想家と呼ばれる知識人たちが現れ、さまざまな書物を通じて「理想の君主像」を描いていくことになります。

この章では、まず彼ら哲学者や思想家たちの考え方を紹介し、それが現実の君主たちにどのような影響を与えたのかを見ていくことにいたしましょう。

1　古代ギリシャ・ローマの君主論

プラトン「哲人王による統治」

最初は古代ギリシャ文明です。ギリシャ本土からエーゲ海に浮かぶ島々にいたる地域には、紀元前八世紀までに城壁に囲まれた都市とその周辺を支配する「ポリス」と呼ばれる都市国家が次々と誕生していきました。最も多いときには一〇〇〇ほどのポリスが存在したと言われています。ただしその大半は規模も小さく、歴史に名を残すようなポリスは、そのうちの一〇分の一（一〇〇都市）ほどでした。なかでも最も有名なひとつが「アテナイ」（現在のギリシャ共和国の首都アテネとその周辺）ですね。

このアテナイの地で紀元前五世紀から前四世紀にかけて活躍した哲学者のひとりがプラトン（紀元前四二七〜前三四七）でした。彼はその代表作『国家』のなかで、政治体制をいくつかに分類しています。もっとも優れているのが優秀者（哲人王）による支配です。ひとりだけ傑出した人物が現れる場合が「王制」、そうした指導者が複数いる場合には「貴族制」となります。そして裕福な人々が自らの欲望を追求する場合が「寡頭制」、貧しい人たちが自らの欲望を満たそうとする場合が「民主制」。最後に最も劣悪な指導者が支配する場合が「僭主制《せんしゅ》」と区分されています。

プラトンが理想としたのは、もちろん理知が支配する王制もしくは貴族制でした。彼は「いやしくも支配者であるかぎりは、けっして自分のための利益を考えることも、命じることもなく、支配される側のもの、自分の仕事がはたらきかける対象であるものの利益になる事柄こそ」を考え、命じなければならないと述べています。

このようにポリス全体の幸福を考える優秀な人物によって統治されているのが「王制」というわけですね。逆に、寡頭制ではお金持ちが、民主制では貧しい人々が、自分たちの階層だけ特別に幸福になればいいと考えていることになりますし、僭主制では指導者自身が私利私欲を追求するためだけにポリスを統治していることになります。

知恵・勇気・節制・正義

そのプラトンの弟子がアリストテレス（紀元前三八四〜前三二二）です。彼も師のプラトンと同じく、政体をいくつかに分けています。公共の利益を考える政体には、ひとりが支配する「王制」、少数者が支配する「貴族制」、多数者が支配する「国制」の三つがあります。また公共の利益にかなわない政体としては、ひとりが支配する「僭主制」、少数者が支配する「寡頭制」、多数者が支配する「民主制」とに分けられます。

アリストテレスも当然のことながら、王制か貴族制が最も望ましいと考えていました。プラトンとアリストテレスが「優秀な人々」と定義づける人物には「徳」が備わっていると考えられているのです。彼らがいう「徳（ギリシャ語でアレテー）」とは、知恵、勇気、節制、正義という、四つの要素から成り立っています。あらゆる状況を的確に判断できる知恵、困難に立ち向かうことのできる勇気、欲望を制御できる節制、他者や共同体に適切に関わることのできる正義という意味ですね。

しかし現実の古代ギリシャ世界は、彼らの理想とはかけ離れた状況へと堕落しました。当初は王制を採っていたアテナイも、貴族制、次いで民主制へと転じていきます。実は、プラトンやアリストテレスの時代のアテナイは民主制を採用していました。

二一世紀の現代社会に住む私たちは「民主制《デモクラシー》」と聞くと、階級や身分に関係なくひとりひとりが平等とされる理想的な政治、と想像しますよね。ところが今から二〇〇〇年以上も前の世界で市民ひとりひとりが直接的に政治に関わる民主制が成り立つためには、市民が一時の感情や目先の利益に惑わされず冷静に判断でき、さらにその市民の意向を集約して適切に指導していける優れた人物が必要でした。しかし残念ながら、当時のアテナイにそのようなふたつの条件は揃《そろ》っていなかったのです。

さらにアテナイはスパルタなど競合する他のポリスとの対立にも巻き込まれていきます。こうした状況は東の大国ペルシャなどにつけいる隙を与え、ついにはギリシャ北部に位置する小国にすぎなかったマケドニアにギリシャ全体がのみ込まれてしまいました。そのマケドニアの最盛期を築いたアレクサンドロス大王（在位：紀元前三三六～前三二三年）は、少年時代にアリストテレスから家庭教師としてさまざまなことを学んでいたのです。

しかしそのマケドニア帝国も大王の死後に分裂し、地中海世界はやがて共和政ローマの支配下に入っていきます。

キケロ『義務について』

カルタゴとのポエニ戦争（紀元前二六四〜前一四六年）を制し、急速に領土を拡大しつつあった共和政時代のローマでは、優れた政治家で思想家でもあったポリュビオス（紀元前二〇〇頃〜前一二〇頃）が、成長著しいローマがかつてのギリシャ諸国のように落ちぶれないためにはどうすべきかを悩んでおりました。そこでローマでは、公共の利益を考える政体としての王制、貴族制、民主制（かつてアリストテレスが「国制」と呼んだもの。公共の利益を考えない多数者の支配をポリュビオスは「衆愚制」と呼んでいます）を、それぞれ執政官、元老院、民会という三つの機関に担わせることで政治の安定を実現していきます。

しかし紀元前一世紀の半ばに、野心家の将軍たちが登場すると、彼らは最高権力者になろうと野望をもたげていきます。こうした背景から、政治家で思想家でもあるキケロ（紀元前一〇六〜前四三）は、あらためて指導者にとっての「徳」の大切さを説いていくことになります。キケロは先に紹介したプラトンの言葉を引いて、政治に参加しようとする者は、おのれの利害を顧慮せず、その動きを国民の利益に一致させるよう、「国民の利益を明確に念頭に置くこと」。そして一党一派の利益のために他の国民を売るようなことがないよう、「国家全体の安寧福祉」を常に気遣うことを強調しています。

キケロにとっても徳（アレテー）を構成する要素は、深慮、正義、勇気、節制の四つにあります。こうした徳を備えた人物が共和政ローマを主導すべきと彼は考えました。これとは対極にあるのが、正義を欠き、公共の福祉のためではなく、自己の利益のために戦うものであり、それは「悪徳」にほかなりませんでした。こういう悪徳を抱く人間は同時に「富を愛する」ものであり、彼らは「低級卑小」な存在であるとキケロは断じています。

実は、キケロがこれらの提言をおこなった『義務について』を書いていたとき、まさに富を愛し、私利私欲のために戦う将軍たちがローマを跋扈《ばっこ》していたのです。ローマで一番の金持ちと言われたクラッスス（紀元前一一五～前五三）は、なんと四〇万世帯を一年間養えるだけの巨万の富を持っていたようです。

さらに第1章でも紹介したユリウス・カエサル（紀元前一〇〇頃～前四四）が終身の独裁官に収まりましたが、キケロからすれば、それは「厚顔にも勝手に王位を夢見て、神と人のあらゆる掟《おきて》を蹂躙《じゅうりん》」するように思えたのです。カエサルは暗殺されますが、やがてローマは「帝国」へと変貌し、皇帝が独裁的な権限を備えていきます。なかには「暴君」と呼ばれたネロ（在位：五四〜六八年）のような皇帝まで現れてきます。それはキケロの理想とはほど遠いものとなりました。

2 古代中国の君主論

王道による統治――儒家思想

プラトンがアテナイで活躍する一世紀ほど前、ユーラシア大陸のはるか東の中国では、儒教の創始者ともいうべき孔子（紀元前五五二〜前四七九）が、統治をおこなうものにとっての「徳」の大切さを説いていました。有名な『論語』のなかで孔子はこう述べています。「政治をするのには道徳によっていけば、ちょうど北極星が自分の場所にいて、多くの星がその方向に向かってあいさつしているようなものだ」。つまり政治指導者の徳が高ければ、民はすべて自然にこの人物に従うという意味ですね。

孔子にとっての理想の君主は、古代中国の伝説上の王でもある、堯《ぎょう》、舜《しゅん》、禹《う》でした。

なかでも禹は夏《か》王朝の創始者とも言われますが、孔子にとっては非の打ちどころのない王でした。それは禹が「飲食をきりつめて神々にまごころをつくし、衣服を質素にして祭りの装束を立派にし、住まいを粗末にして灌漑《かんがい》の水路のために力をつくされた」からでした。孔子の教えを引き継いだのが、孔子の孫に師事した孟子《もうし》（紀元前三七二～前二八九）でした。孟子は君主を「王者」と「覇者」に分けています。王者とは自国の民や他国がその徳をしたって心服するような人物であり、覇者とは強大な武力を背景に自国の民や他国を心服させるような君主です。王者であればたとえ小国の王であっても強国から一目置かれ、覇者の場合には大国としての武力がなければ相手にされません。王者は徳によって統治をおこない（「王道」といわれます）、覇者は徳によらず武力や策略によって統治をおこなう（「覇道」といわれます）とされています。

礼儀の規範

孟子が亡くなった頃に登場してくるのが荀子《じゅんし》（紀元前三一三／二九八～前二三八）です。彼は「政治の根本は民を安んじ愛することである」と説きます。王たるものは賢明な人を大臣などに用い、親孝行などの道徳を奨励し、孤児や寡婦《かふ》などを助けて貧困にあえぐ人々を救済すべきであるというわけです。そうすれば人々は政治にも安心するでしょう。人々が政治に安心して、はじめて統治者もその地位に落ちつけるのです。

荀子はこうも述べています。「君主というものは舟であり庶民というものは水である。水は舟を載せるがまた舟を転覆させもする」。

王者は日々の行為は礼儀の規範により、政治的な判断は法に則《のっと》り、その観察力は細い毛の先も見分けられるほどであり、外界の変化に応じて柔軟に対応すべきであるとも荀子は唱えています。また国家とは最大の道具であり、君主は最大の権勢でもあるので、君主が国家を維持するのに正しい道によっていけば立派な徳を積み上げる基礎となりますが、正しい道によるのでなければ極めて危険だとも言っております。それは「道義を第一にすれば王者となり、権謀（状況に応じた権力や策略）を第一とすれば亡君（国を滅ぼす君主）となる」という、荀子の言葉によく表れていますね。

ただし荀子によれば、「君主はひとりでは政治はできない」ものです。人々を統制するための礼（最高規範）をもうけると同時に、万事を統率させる真の仁徳者を宰相（首相）に据えれば、国家もよく治まるだろうと述べています。

法による統治――法家思想

この荀子に学びやがてここから離れて、独自の君主論を展開したのが韓非《かんぴ》（紀元前二八〇～前二三三）でした。彼の著作『韓非子』では、これまで紹介したような儒学に基づく論者（儒者といいます）の説く「仁義の徳」などすでに時代遅れであり、新しい「力の論理」に基づく支配原理が必要であると述べられています。韓非によれば、人間とは自分の利益を追求する存在であり、君主のために忠誠をつくし、戦争に身を投げ出すのは恩賞が目当てであり、君主が家臣や民に愛情をかけてやるとすぐにつけあがるのです。

このように自分の利益しか考えないような人々を統御するには、恩賞と刑罰を厳格に使い分け、しかもその客観的な基準も明確にすべきであり、ここに現実に適応した客観的な統治の原則としての法術主義が生み出されるわけです。この理論は『韓非子』の「二柄《にへい》」という章で詳細に説かれています。柄とは器物に付いている取っ手のことです。

この場合には、恩賞と刑罰という二つの柄を臣下を統御するために使い分け、これは決して君主が手放してはいけない「武器」であると韓非は言うのです。

人間を信用していない韓非によれば、この恩賞と刑罰という二柄を大臣などの臣下に渡してしまえば、その者が自らの権勢を強大化するために勝手に乱用し、ひいては君主が臣下に統御されてしまうのです。しかも臣下にこのような大罪があるのに、主君がそれを禁止しないでいるのは君主としての大きな過失につながり、ひいては国を滅ぼします。

こうした事態を防ぐためにも、君主は厳格に法を整備すべきだと韓非は説いています。仁徳によって統治が可能などというのは孔子の時代までの話であり、君主がすべて孔子のようにはなれません。むしろ法度を設けて民を統一し、功績を示したものには恩賞を与え、罪を犯したものには刑罰を加え、毀誉（けなすこととほめること）を明確にし、善を勧め悪を懲らしめることが大切になっていきます。

秦王の法治政策

この韓非の理論に感銘を受けたのが戦国七雄で最大の秦《しん》の王（政《せい》）でした。政は韓非をわざわざ招いて意見を聴いたほどでした。やがて政は残り六カ国を平定し、始皇帝（皇帝としての在位：紀元前二二一～前二一〇年）となり秦帝国を打ち立てるのです。始皇帝は韓非に代表される「法家思想」を正統思想と定めて、法による王朝支配をめざしました。しかし、あまりにも法に頼りすぎた秦では民に対する締めつけが強化されてしまい、民衆反乱が絶えず、始皇帝の死からわずか四年後に秦は滅亡してしまうのです。

秦の次に登場した漢帝国では、法家思想はやめられ、再び儒家思想が見直され、これがやがて正統思想に採用されていきます。始皇帝によって始まった「皇帝」という称号は、それまで中国の最高権力者を意味した「天子」が兼ねることになります。

そもそも天子とは天の委任を受けて天下を治める有徳者であり、天子が徳を失い天意に反して勝手な行動を取ると、天は怒って別の人物に天命を下す、という考えかたが続いていきました。王朝が交替して天子の姓が変わる「易姓革命」ですね。紀元前二世紀の半ば頃には漢帝国で儒教が国教化され、もともと異なる存在であった皇帝と天子が、儒家たちの理論によって同一化・一体化されて、皇帝の権力が強大化していくのです。

その漢王朝の最盛期に君臨した宣帝《せんてい》（在位：紀元前七四～前四八年）は、徳治（徳による統治）と法治（法による統治）をまじえるのが統治の要であり、徳治ばかりでは不可能であると考えていました。しかし現実にはこれ以後の中国の歴代王朝でも、「徳治」は統治者が心がけなければならない重要な理念として続いていくことになるのです。

3　仏教と君主のありかた

仏教の誕生

このように儒教の文化が根ざすことになる中国はもとより、その影響を受けた朝鮮半島や日本でも、指導者には「道徳性」が求められるようになりました。世界中に普遍的に見られたとおり、君主には「戦士」としての勇敢さも求められますが、ただ戦いに強いだけではなく、君主は支配される民にとって道徳的な模範となる存在にもなっていきます。

古代ギリシャに哲学が、古代中国に儒教思想が登場したのと時を同じくして、古代インドには新たな宗教が登場し、やはり君主の「道徳的な姿」を強調するようになっていきます。「仏教」の誕生ですね。日本では釈迦《しゃか》、古代インドの言語（サンスクリット語）ではガウタマ・シッダールタと呼ばれる人物を開祖とする宗教ですが、釈迦の生没年には諸説あり、紀元前五六三年から前四八三年までとも、前四八〇年から前四〇〇年頃とも言われます。いずれにせよ孔子や古代ギリシャのソクラテス（紀元前四七〇／四六九〜前三九九）などと同世代ということになりますね。

身分制にとらわれない仏教

第1章でも示しましたが（三三頁）、紀元前六世紀頃のインドにはバラモン（司祭）からシュードラ（隷民）にいたるヴァルナ制度と呼ばれる身分制が確立していました。それに基づくバラモン教と呼ばれる宗教もすでにインド全体に拡がっていました。

釈迦自身はもともと北部インド（シャーキヤ）の王侯の家に生まれましたが、バラモン教はあとで述べる仏教の興隆に刺激され、紀元前四世紀頃からは「ヒンドゥー教」という、こんにちのインドにおいて主流派を占める宗教へと変貌を遂げていきます。バラモン教やヒンドゥー教では、王侯になれるのはクシャトリア（王侯・武人）に限るという身分秩序が重視され、司祭であるバラモンがさまざまな国家儀礼を取り仕切るとともに、役人として統治機構に組み込まれ、国の政治を担っていました。

釈迦が生まれたとされる紀元前六世紀頃から、インドにはガンジス川中・下流域を中心に「一六大国」と呼ばれる国々がそれぞれに統治をおこなっていました。このなかで、豊かな資源に恵まれた東部（ガンジス下流域）のマガダ王国では、王は古くからのヴァルナ制度をなかば無視して、権力の強化や商業活動の活性化を進めていました。

釈迦は、バラモン教が司祭によって完全に支配されている状態とは異なり、沙門（サマナ）という出自や出身を問わない自由な立場の思想家や修行者を大切にし、仏教は主にはこうした人々によって広められていきました。こうした旧弊な身分秩序にとらわれない教えは、自由な「個人」としての活動を正当と認めており、マガダ王国の王侯や商人階級を急速に引きつけていったのです。

鉄鉱石の生産地であり、森林資源にも恵まれ、広大で肥沃な土地での農業生産も盛んなマガダは、交通の要衝となり、仏教のような新しい宗教を受け入れる気風がありました。これに対してガンジス川上流域は環境的にも地理的にも閉塞的であり、正統派のバラモン思想が依然として有力でした。このため身分的に優越した位置にあったバラモンや部族的結合を重視するクシャトリアによって、強大な王権が登場するのが阻止されていたのです。

マウリヤ帝国の王権強化

やがて紀元前四世紀後半になると、インドは西方からの強敵に直面します。ペルシャを倒したアレクサンドロス大王が、紀元前三二六年にインダス川を越えて遠征にきたのです。インドの制圧には成功できなかった大王ですが、これ以後、インドとギリシャ世界のあいだには経済的・文化的な交流が本格的に芽生えます。それと同時に、この直後の紀元前三二〇年にはマガダの辺境で兵を挙げたチャンドラグプタ（在位：紀元前三一七頃〜前二九三）がマウリヤ朝を興し、インダス川流域や南西インドまで支配していきます。

この「マウリヤ帝国」の領土が最大となったのが、チャンドラグプタの孫アショーカ王（在位：紀元前二六八頃〜前二三二年頃）の時代でした（図8）。祖父のチャンドラグプタは出自が確かではなく、バラモンたちからクシャトリアとは認められていませんでした。しかし彼の帝国の興隆は、アレクサンドロス大王によるインド侵攻やその後の大混乱など、乱世にあっては強大な力を有する王権こそが世を平定できることを見事に示したのです。これ以降、インドにおいても王権はますます強化されていきました。

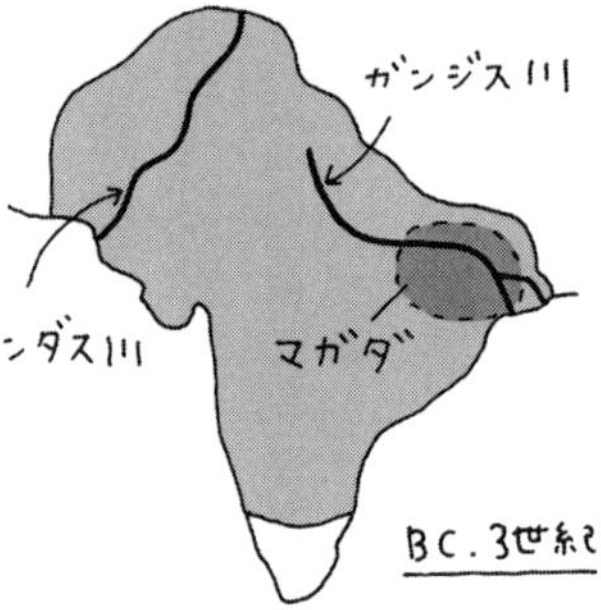

図8　マウリヤ朝の最大領域

ダルマと十徳

孫のアショーカはさらにデカン北東部にまで侵出し、数十万におよぶ犠牲者を出したとされています。このときの反省から、アショーカは戦争ではなく非暴力的な「ダルマ」によって政治をおこなうことを決意したと言われています（図9）。

ダルマとはインドにおける思想の根本概念のひとつです。真理、正義、義務、規範、法律など幅広い意味に使われます。アショーカ自身はこの頃（即位して一〇年ほどのち）

仏教に帰依したとされていますが、ダルマは仏教だけではなく、ヒンドゥー教など多くのインドの宗教で教理とされます。

アショーカは、仏教だけを優遇するわけではなく、バラモン教やジャイナ教（紀元前五世紀にインドに登場した苦行や禁欲を重視する宗教）など、すべての宗教を保護すると宣言しています。

ダルマのなかで特に強調されているのが不殺生と正しい人間関係でした。後者は社会の最小単位である家（父母への従順など）に始まり、村、地域社会、さらには国家に拡がるさまざまな関係のなかで生活するうえで個人が守るべき社会倫理ということになり

図9　インドのビハール州に残るアショーカ王の石柱碑。ダルマに基づく法勅を記載した

ます。その点では、中国で儒教が『大学』という書物のなかで説いた「修身・斉家・治国・平天下」という、同じく家族愛から順次拡大して最後は天下に拡げていく社会倫理にも相通ずるところがありますね。

アショーカは広大な帝国を統治するため、優秀な顧問官による会議を王の諮問機関とし、彼らの下に官僚や軍人を配置し、帝国の本拠地ともいうべきガンジス川流域には中央集権的な官僚制度を築きました。実際には、帝国はアショーカによって統一されていたというよりは、属州制のようなかたちをとっており、マウリヤ王朝の王族が総督として派遣され、統轄されていきます。

アショーカがこの広大なインドを支配できたのは、強大な軍事力や豊かな経済力を背景にしていたのはもちろんですが、彼が仏教に基づく「十徳《じっとく》」と呼ばれる規範を大切にしていたことも事実です。それは、①気前のよさ、寛容さ、大衆を心服させる魅力、②高度な道徳的観念、③人々の善のために自己を犠牲にできる、④正直さと高潔さ、⑤やさしさと穏やかさ、⑥厳格さと自制心、⑦悪意も敵意も抱かない、⑧平和と非暴力の推進、⑨慎みと忍耐、⑩民の感情を害することなく、また民の意思に反することなく調和を保って統治する、という一〇カ条から成り立っていました。

最初の世界宗教へ

このように太古からの君主の責務というべき、外敵からの防衛、民の豊饒の保障、社会正義の維持を実現できただけではなく、戦士としても哲人としても優れていたアショーカはやがて「大王」とも称されていきますが、その大王が信ずる仏教も急速にインド各地、さらには東南アジア、ヒマラヤ山脈周辺、そして中国を経て、朝鮮半島や日本にまで拡《ひろ》がっていくことになります。

日本に初めて仏教が伝えられたのは西暦五三八年（五五二年ともいわれます）ですから、釈迦が亡くなって一〇〇〇年の時を経ておりました。

バラモン教（ヒンドゥー教）のように地域に限定的な身分秩序に縛られた宗教とは異なり、身分や出自、出身地域に関係なく、さらにはもともとの言語や文化、肌の色に関わりなく、発祥の地を大きく超えてまさに世界中へと布教されていく信仰を「世界宗教」と呼んでいます。仏教は最初の世界宗教のひとつでありました。

仏教にしろ、このあと各地に登場する世界宗教にしろ、他の地域に広がるためにはまずはその土地の支配者（特に王様）が改宗する事例が圧倒的に多いのです。外敵から守り、共同体の豊饒を保障し、社会正義も維持してくれる王様は、共同体にとって崇敬の対象となっていきます。そのような指導者が信じる宗教が民にまで拡がっていくわけですね。

ただし、支配者がその新たな宗教に帰依したからといって、そのままその地域全体が新たな宗教に改宗していくとは限りませんでした。改宗した支配者がその後の戦いに敗れたり、疫病や不作などが生じると「以前に信じていた神様の祟《たた》り」だと噂《うわさ》され、再び人々がもとの宗教に戻ってしまう場合も多かったようです。

現にこの日本でも、五五〇年代までには仏教が本格的に大陸から伝わってきたにもかかわらず、その後に生じた戦乱や疫病に影響され、布教は中断されてしまいました。仏教が日本に根づくのは六世紀も終わりになってからのことでした。

また、仏教それ自体にしても、発祥の地は現在のインド北部ということになりますが、アショーカ大王の死後にはマウリヤ帝国も急速に衰退し、それと同時に各地のバラモンが再び宗教的な主導権を握り返していくことになります。実は大王が築いた属州制にしても、ガンジス川流域という帝国の中心地ではある程度は機能していましたが、それ以外では、独立・半独立的な土着勢力が各自の文化を維持し続けており、大王の没後にそれらの勢力が独自に王朝を打ち立てて、帝国は崩壊していくのです。

このためインドの宗教的な主流派はヒンドゥー教に変容し、仏教はヒマラヤ（チベット）、東南アジア（タイやカンボジア）、東アジアで大きな勢力を持つようになりました。

4 イスラームの王権観

預言者ムハンマド

仏教に並ぶ世界宗教が登場する舞台となったのが中東でした。この地には仏教が誕生したのと同じく紀元前六〜五世紀頃に、唯一神ヤハウェを信仰するユダヤ教が定着していました。現代のイスラエルにあたる地域ですね。このユダヤ教からやがてキリスト教（あとで述べます）が派生し、仏教が日本で本格的に布教されていく西暦七世紀初頭にはさらに新しい宗教が誕生します。それがイスラーム（イスラム教）でした。

イスラームの始祖ムハンマド（西暦五七〇頃～六三二）は、神（アッラー）の言葉を預かる預言者となります。彼はメッカ（現在のサウジアラビア西部の都市）に生まれましたが、やがて彼の思想に反対する勢力により迫害され、少し北に位置するメディナへと移住します。この移住を「ヒジュラ」といいます。イスラームが定着するとこのヒジュラの年（西暦六二二年）を紀年とするヒジュラ暦という独特の暦も登場していきます。

メディナにムスリム（イスラーム教徒）を中心とする信者の共同体（ウンマ）を形成したムハンマドは、アッラーこそ唯一絶対の神であることを強調はしましたが、アラブ社会に伝統的に根ざしていた信仰や儀礼にも寛容な姿勢を示しました。これがのちに多くの民衆がイスラームへと帰依していく要因になります。

またムハンマドは、アッラーを信じるものはアラブ地域の人間に限らず、すべて同胞としてウンマを形成すると説いています。この点が、ヤハウェは選ばれた民であるユダヤ人との間に特別な契約を結ばれたと考えるユダヤ教の「選民思想」とは異なり、イスラームがアラブ人以外の多くの諸民族へと受け入れられ、世界宗教へと転じていくきっかけとなったのです。

カリフの登場

やがて勢力を拡大したムハンマドは、六三〇年に一万の兵を引き連れてメッカに戻り、預言者としての彼の名声は一気に高まります。その二年後にムハンマドが亡くなると、信者の長老のひとりアブー・バクルが「神の使徒の後継者」と呼ばれ、指導者となります。その略称がアラビア語で「ハリーファ」、のちにヨーロッパの言語で「カリフ」と呼ばれることになります。もともとは「後継者」を意味する、イスラーム共同体に独特の精神的な最高権威者のことですね。

カリフは、皇帝や王といった世俗の君主とは異なり、世襲で代々引き継がれる称号ではありませんでした。自由身分の成年男子で法的知識や公正さを持ち合わせ、イスラームの領土の防衛に精力的であるといったいくつかの条件を満たす賢明な人物が選ばれました。

アブー・バクル（在位：六三二～六三四年）は初代カリフということになります。彼はアラビア半島における他の諸部族に対する「聖戦（ジハード）」を呼びかけ、イスラームの征服地は瞬く間に広大になっていきます。その戦利品の五分の一はカリフに送付され、残りの五分の四は戦士たちの間で分配されました。

こうしてメディナに君臨するカリフの権限は強化され、急速に拡大する領土を統治するための制度も作られていきます。二代目のカリフであるウマル（在位：六三四～六四四年）は、戦利品の分配に代えて俸給制度を導入し、メディナの政府内に官庁（ディーワーン）も次々と設置していきます。先に紹介したヒジュラ暦が制定されたのもこのウマルの時代でした（六三八年）。

アッバース朝――カリフの変容

しかし支配地が拡大すると、領域の隅々にまで目が行き届かなくなり、やがて辺境の地から独立した勢力が現れるのは、古今東西どこも変わりません。第四代カリフがまだ存命中だった六六〇年にシリアで反乱が起き、翌年カリフが暗殺されると、ここにウマイヤ朝（六六一～七五〇年）と呼ばれる新たに世襲のカリフを中心とした政治体制が形成されます。

さらに八世紀半ばには、現在のイラクから登場した勢力によりアッバース朝（七五〇〜一二五八年）が登場します。このときティグリス川西岸のバクダードが都に定められ、一〇年以上の歳月をかけて立派な都市へと造り替えられました。現在のイラクの首都になりますね。やがてバクダードは東西の交易や文化を結ぶ要衝となっていきます。

アッバース朝が形成されたときまでには、イスラームの共同体はイスラーム法（シャリーア）と呼ばれる法体系によって社会秩序を維持するようになりました。こうした法を専門とする知識人がウラマーと呼ばれる人々です。さらに強大となったイスラームの支配地を統治していくうえで、「剣の人」と「筆の人」という二種類の人々が重用《ちょうよう》されていきます。前者は「マムルーク」と呼ばれる、もともとは奴隷出身の騎士階級に代表されます。後者は、「書記（カーティブ）」と呼ばれる官僚群を意味します。こうした文武両官に支えられて、アッバース朝のイスラーム帝国は九世紀末に最盛期を迎えました。

しかし一〇世紀初頭には早くも帝国は分裂に陥ります。各地にカリフの権威を否定する独立王朝が次々と誕生し、マムルークの台頭と専横は目に余るものとなり、バクダードのカリフに税の送金を怠る地方総督が現れ、さらに各地で反乱まで生じていきます。

世俗の王スルタン

図10　トゥグリル・ベク

こうしたなかで一〇三八年、トルコ系のセルジューク族の指導者トゥグリル・ベクが登場し、各地の反乱を鎮定していきます（図10）。やがて彼は「現世と宗教の柱にして偉大なるスルタン」を称します。もともと「スルタン」とは、権威や超越的な力を意味する言葉でしたが、ここに支配者としての称号に転じていくのです。とはいえ、自称するだけでは各地で独立王朝を建てた「反乱者」と違いがありません。トゥグリル・ベクは一〇五五年にはバグダードに入城し、ときのカリフから「東西のスルタン」として正式に認められます。

こうしてムハンマドの理念的な後継者としての権威をカリフが、世俗の権力をスルタンがそれぞれ保持するという、二重体制が形成されていくのです。それはこのあと見ていく中世ヨーロッパのキリスト教世界における、ローマ教皇と各地の王侯との関係にも類似したような体制といえましょう。

すでに一〇世紀後半から「大アミール」と呼ばれる、カリフに代わって国政を担当する指導者が登場するようになってから、カリフはあくまでも象徴的な存在になっていましたが、アッバース朝の初期の頃に確立された「カリフ権は神から直接授かったものである」というカリフ権神授《しんじゅ》の思想は、その後もしっかりと受け継がれていくのです。

イスラームの四つの徳

それではカリフやスルタンはどのようにあるべきなのでしょうか。イスラーム思想史の巨人ともいうべきガザーリー（一〇五八～一一一一）は、トゥグリル・ベクの甥の子で、セルジューク朝第三代スルタンのマリク・シャー（在位：一〇七二～九二年）に仕えたウラマーでした。ガザーリーによればカリフは人間に対する神の代理人であり、理性や武勇、行政能力や知識、敬虔さを備えていることが前提であると述べています。ただしガザーリーは、カリフに対しては厳しい要求はせず、これらの前提条件は文武両官やウラマーなどに代行させればよく、社会の平和と安定のためには覇者が権力を掌握するという、当時の現実を重視していました。

すなわちセルジューク朝のこの時代には、覇者はもはやスルタンなわけですね。ガザーリーは晩年に『諸王への助言』という書物を書いています。マリク・シャーの王子に献呈されたものと思われますが、ここで説かれているのは、カリフではなく、スルタンのあるべき姿についてだけなのです。そのスルタンにとって大切な条件とは、イスラームのなかでの四つの徳でした。その四つとは、①正直（支配者たるべきものとして感情を抑制し、穏やかさを保ち、寛大にふるまえる）、②勇気（支配者を高みにまで引き上げてくれる勇敢さや大志など）、③知恵（良き統治をおこなうための判断力）、④公正（他者に徳を示すことのできる温厚さを生み出せる）です。

これらは本章で先に紹介した、プラトンやアリストテレスのギリシャ哲学で説かれた「徳」の思想にも共通していますよね。実は中世初期に、古代ギリシャの叡智は中東へと伝わり、アラビア語に翻訳されました。ガザーリーもアリストテレスから大きな影響を受けていたのです。そしてこのガザーリーの思想が、今度はペルシャ語やアラビア語からラテン語に翻訳され、中世ヨーロッパへと逆輸入されていきます。

なお、イスラームにおいては、王（マリク）には臣民（ライーヤ）に対する権利があると同時に、臣民にも王に対する権利があると考えられています。イスラームでも「服従を求める王権」という考え方はありましたが、それは専制的な王権という意味ではなく、臣民の服従を受けてはじめて王権が実態を持つのです。したがって、人々が服従しない人物に統治権（イムラ）はなく、臣民の服従を受けた君主にのみ統治権が生じるとされました。

このため毎週金曜日の正午に実施される集団礼拝の際に、フトバと呼ばれる説教・講話がおこなわれました。ここでは時の権力者の名前を末尾に入れるのが政治慣行であり、権力者の名前が削除されることはその町の住民が反乱の意志を示していることを意味したのです。

イスラームはもともとの発祥の地であるアラビア半島を超え、西はアナトリア（トルコ）、アフリカ北部からスペインへ、東はペルシャ、インドを経て、東南アジア（インドネシア、マレーシアなど）へと拡がり、それぞれの地に王権も確立していきます。

5　キリスト教とヨーロッパ世界

コンスタンティヌス一世の改宗

そしてイスラームと同様に、中東の地に誕生したユダヤ教から派生し、やがては最大の世界宗教へと発展を遂げたのがキリスト教でした。

ローマ帝国の支配下にあったイスラエルで生まれたイエス（紀元前四頃〜西暦三〇頃）は、自らを神の子であると公言し、当時の腐敗したユダヤ教を糾弾するとともに、新たな教えを人々に説きました。しかしやがてローマによって捕らえられ、十字架への磔《はりつけ》の刑に処せられたのは有名ですね。イエスはその三日後に復活し、その魂（聖霊）が使徒や信者たちに降り注いで、やがて昇天していくとされています。このイエスの教えを受け継いだ人々はローマ帝国各地で布教をおこないますが、皇帝崇拝やローマ神話が主流派を占めていた当時の帝国の官憲によってことごとく弾圧を受けます。

キリスト教にとって大きな転機となったのが、「大帝」と呼ばれた皇帝コンスタンティヌス一世（在位：三〇六〜三三七年）が改宗したことです。これにもさまざまな伝説が残されていますが、一説には最大の敵との一戦を交える前に天空に十字架を見た皇帝が、この戦いで大勝利を収め、やがてキリスト教の信者になるための儀式である洗礼を受けたといいます。これを機にキリスト教は帝国全土に拡がり、テオドシウス一世（在位：三七九～三九五年）の治世に帝国全土でキリスト教以外の典礼（宗教的儀式）が禁じられたことで、事実上、キリスト教はローマ帝国の国教となっていくのです。

キリスト教の場合にも、ユダヤ教の聖典（旧約聖書）に加え、神との新しい契約（新約聖書）を聖典とし、イエスの教えを信じるものは出自や人種、地域に関係なく信者となれたため、一躍、世界宗教として広まっていくわけですね。その信仰の中心地となったのがヨーロッパでした。

帝国の分裂と教会の権威

キリスト教を国教と定めたローマ帝国は三九五年に東西に分裂します。

東ローマ帝国（ビザンツ帝国とも呼ばれます）では、ギリシャ語を共通語とする文化が発展し、のちに「ギリシャ正教会」と呼ばれるキリスト教会が主流派となりました。歴代の皇帝は司法・行政・立法など国政において強大な権限を持ちましたが、貴族たちによる「皇帝批判」にも寛容な姿勢を見せました。皇帝のあるべき統治の原理を示す「君主の鑑」と呼ばれる書物も数多く残されています。これについては次節で詳しく説明します。

特に歴史家でもあり、多くの歴史書を編纂させた皇帝コンスタンティノス七世（在位：九一三～九五九年）は、歴代皇帝の伝記や『帝国統治論』まで残し、皇帝のあるべき姿について説いております。

イスラーム勢力からの圧力を受けながらも、基本的には一五世紀半ばまで帝国のかたちで残り続けた東ローマとは異なり、西ローマ帝国のほうは早くも四八〇年までには滅亡してしまいました。その後、ローマ帝国時代に軍団の司令官をさす官職名であった「公《デュク》」や総督をさす「伯《コメス》」といった名称が、貴族の爵位へと転じていきます。現在のイギリス、フランス、スペイン、ポルトガル、イタリア、ドイツ、ベネルクス（ベルギー、オランダ、ルクセンブルク）といった地域には、数々の王や公、伯を名乗る支配者が現れます。

こうしたなかで、キリストの弟子のなかでも長老格であったペテロ（西暦六四～六八年頃にローマで処刑されました）の継承者を唱えたローマの司教（高位の聖職者）が自らを「至高の教父」と呼び、レオ一世（在位：四四〇～四六一年）の時代から「教皇」と称するようになりました。西ヨーロッパでは、この教皇を頂点にいただくキリスト教世界が定着していきます。

なお、当時のキリスト教会においては聖職者は結婚が許されず、教皇はやがて枢機《すうき》卿《きょう》と呼ばれる高位聖職者のなかから互選で選ばれていくことになります。

グレゴリウス一世（在位：五九〇～六〇四年）の時代には、宣教団が各地に派遣され、まずは西欧地域でキリスト教が根づいていきます。さらに九世紀末から一一世紀半ばまでの一五〇年ほどのあいだには、北欧（ノルウェー、スウェーデン、デンマーク、フィンランド）や東欧（ポーランド、ハンガリー、チェコなど）にも、キリスト教は広まりました。

ローマ帝国とキリスト教

このようにローマ帝国の支配下にあった西欧はもとより、ローマから支配を受けたことのない北欧や東欧にまでキリスト教が拡がったのは、ノルマンやゲルマンなど諸部族の支配者たちが「ローマ帝国とのつながり」に政治的・文化的な価値を見いだしたからだと言われています。いまや滅亡したとはいえ、ローマ帝国はヨーロッパに一時代を築いた文明の象徴でした。

さらにその文化的な後継者ともいうべきキリスト教会は、ラテン語をはじめ、当時の先端を行く文化も教えてくれました。中世ヨーロッパにおいては国際共通語はラテン語だったのです。さらに各国を統治していくうえで、法律も整備されますが、それらもラテン語で記されていきました。これを請け負ったのが、幼少時からラテン語の読み書きに慣れていた、各国の教会や修道院で祈りを捧げる聖職者たちだったのです。

こうした役割はインドのバラモン、イスラームのウラマー、そして仏教の僧侶にも同様のことが言えました。また日本が仏教という新しい宗教を受け入れた背景にも、「中華帝国とのつながり」という、同時代のヨーロッパ諸国にも似た状況があったのかもしれません。八世紀になって唐から律令制度を導入した日本は、最澄《さいちょう》や空海などを唐に派遣し、彼らの帰国後には日本に独自の仏教を造らせていますね。東アジアでは、当時最先進の文化は中国（隋・唐）にあり、日本は宗教だけでなく、統治機構や課税の仕方、さらには読み書き能力なども、独自の方法で中国から学んでいったのです。

聖なるものと王

ヨーロッパでは、王侯たちがキリスト教に帰依するようになり、やがて教会の側も彼らにキリスト教の権威を与えていきます。それがこんにちにも続く王の戴冠式や塗油という儀式にあらわれています。

王が冠をかぶって権勢を誇示することは、第1章でもエジプトやアッカドの事例を紹介したとおりですよね。これと並んでおこなわれる塗油とは、新しく即位する王の頭や身体にオリーブ油などからなる聖なる油を注いだり、塗ったりする儀式です。これによりその王は神からパワーを授けられたと考えられます。この儀式も、古代エジプトやメソポタミアに見られ、旧約聖書に登場するダビデ王やソロモン王も、やはり預言者や司

図11　ジャン・フーケ「カールの戴冠」

祭から油を注がれています。ちなみに旧約聖書で使われる古代ヘブライ語で「油を注がれたもの」を意味する言葉が「メシア」であり、その古代ギリシャ語訳が「キリスト」ですね。

　中世ヨーロッパでは、フランク王国を築いたカール大帝が西暦八〇〇年のクリスマスに、ローマでときの教皇から「(西)ローマ皇帝」の帝冠を授けられたのが、最も有名な事例のひとつです（図11）。このあといまのドイツ（のちの神聖ローマ帝国）では皇帝のオットー一世（九六二年）、イングランド（現在のイギリス）の王エドガー（九七三年）、フランス王ユーグ・カペー（九八七年）と、一〇世紀後半に入ると各国で次々と塗油と戴冠式がおこなわれて、キリスト教により王冠に神聖性と永続性とが与えられていくのです。

　実はそれまでは塗油の儀式は聖職者の叙任式のみで、普通の信者（俗人）にはおこなわれていませんでした。一一世紀以降になると、塗油を受けた王には聖職者と同じく神の力が宿ると信じられるようになり、フランスやイングランドでは王が瘰癧《るいれき》という頸《くび》に腫れ物ができる病気を治すことができるとして、王が患者の頸をさわるという儀式も定着します。そしてこの儀式は、イングランドでは一八世紀初頭まで、フランスでは一九世紀半ばにも見られたほどだったのです。

6　キリスト教と「君主の鑑」

道徳的高貴さ

そして中世ヨーロッパにおいては、キリスト教の思想から皇帝や王たちのあるべき統治の原理を示した「君主の鑑」といわれる書物が次々と刊行されていきます。

すでに古代ローマ帝国末期にキリスト教に改宗し、その後の中世キリスト教神学に絶大な影響を与えたアウグスティヌス（三五四〜四三〇）は、キケロから多くを学び、彼もまた君主には徳が必要であることを強調しました。それは思慮、勇敢、節制、正義からなり、アウグスティヌスが特に重視したのが正義でした。彼の代表作『神の国』では、興味深いエピソードが引かれています。

かのアレクサンドロス大王のもとに捕まった海賊が連れてこられ、大王が「海を荒らすのはどういうつもりか」と尋ねます。すると海賊は「陛下が全世界を荒らすのと同じです。ただ、私は小さい舟でするので盗賊と呼ばれ、陛下は大艦隊でなさるので、皇帝と呼ばれるだけです」と答えたのです。これを受けてアウグスティヌスは「正義がなくなるとき、王国は大きな盗賊団以外のなにであろうか。盗賊団も小さな王国以外のなにでもないのである」と読者に問いかけています。

このアウグスティヌスからの影響も受け、中世に入ると聖職者たちがおのおのに「君主の鑑」を著し、身近で仕える君主に「あるべき姿」を訴えます。イングランドに生まれ、フランスで活躍したソールズベリのジョン（一一一五／二〇～一一八〇）は、イングランド王の宰相に献呈した『ポリクラティクス』のなかで、やはり君主の道徳的高貴さについて説いています。ジョンもまた、アレクサンドロス大王を事例に「君主の徳性」の大切さを強調し、最高度の慎み、仁慈《じんじ》（思いやりがあり情け深い）、人間性、正義といった徳性を示したことが、大王の評価を高めることにつながったと述べています。

ヨーロッパに限らず、日本でも中世のこの時代は鎌倉時代から室町時代にかけての戦乱の世の中でした。「王」たるものは、単に戦《いくさ》に強いだけでなく、道徳的にもこれらの徳性を身につけ、自身が統治する民に対してはもとより、敵に対しても示していくべきなのだという考え方が広く受け入れられていったわけですね。

こうした徳性をもって統治にあたった歴史上の支配者たちの事例を模範として示すことで、ジョンは現実の君主の統治のあり方に影響を与えようとしました。ジョンによれば、徳性をもって人民に接することのできるものだけが、真に支配者の名に値するのであって、支配者の人格の高潔性に感銘を受けて、人民も進んでその支配者に服することができるのです。またそのような支配者を得るためには、側近たちも高潔でなければなりません。

トマス・アクィナスの君主論

中世キリスト教神学の頂点を極めたトマス・アクィナス（一二二五頃〜一二七四）も、やはり「君主の徳」を声高に提唱しました。彼はその著作『君主の統治について』のなかで、「人が自分自身だけではなく、他の人々をも導くことができるためには傑出した徳を必要とする」と述べています。トマスはアリストテレスの理論からも影響を受けておりますが、彼にそれを教えてくれたのは実はガザーリーなどイスラームの思想家たちでした。中東を経由して再びヨーロッパへと入ってきたアリストテレスの哲学は、トマスのなかで巧みに消化され、今度はキリスト教神学の要素もつけ加えられていきます。トマスの場合にも、徳とは賢慮、正義、勇気、節制からなるという、プラトンやアリストテレスの考えを踏襲はしていますが、さらにこれらに信仰、希望、愛というキリスト教神学に基づく要素も加わるのです。

聖から俗へ

さらにヨーロッパにおいて中世という「神（聖）の時代」から、近代的な「人間（俗）の時代」へと移り変わる重要な過渡期となったのが、ルネサンスといわれる学術・芸術の世界に見られた一大現象でした。

学術や文学の世界では一四世紀頃から、美術や音楽は一五世紀から始まったルネサンスは、それまでのヨーロッパでは神のみが学術や芸術の対象とすべき存在であり、人間などは卑しい存在でそのような対象には値しないとされてきた考えに反し、「人間もまたすばらしいものである」との発想の転換をおこなって、数々の優れた学術研究や芸術作品を生み出す契機を作り上げました。

こうしたなかでネーデルラント（現在のオランダ）に登場したのが、デジデリウス・エラスムス（一四六六頃～一五三六）でした。ルネサンス最大の文人のひとりであった彼は『キリスト者の君主の教育』という書物のなかで、中世ヨーロッパに次々と現れた「君主の鑑」の系譜をしっかり受け継ぎ、「君主が治世にあたり心せねばならないのは、私情を捨てた公共の福祉だけである」と断言しています。

もともとこの本は、彼が生まれ育ったネーデルラントの支配者であり、のちに神聖ローマ帝国（第3章で詳しく説明します）の皇帝となるカール五世（在位：一五一九～五六年）のために書かれたものでした。

エラスムスによれば、人間社会において聡明で善良な君主ほど繁栄をもたらすものはなく、逆に愚劣で性悪な君主ほど災禍をもたらすものはありません。ここでもアリストテレスが引かれ、この古代の哲人が分けた君主と僭主の違いが説かれます。君主とはいかなる問題の考察にあたっても、それが全国民の得になるかどうかを常に忘れず、反対に僭主が常に考えるのは、それが自分自身に利をもたらすかどうかだけなのです。

このため僭主が獲得するものは富であり、君主が獲得するのは徳にともなう誉れとなり、僭主は恐怖と陰謀と犯罪的手段を使って支配し、君主は知恵と誠意と善意を用いて治めます。そして優れた君主の下に優れた法を制定すれば、国民も国家も幸福になるのです。

このように中世ヨーロッパというキリスト教世界が浸透していた時代から、科学（場合によってはキリスト教の教えと相反する）などが台頭する近代に移り変わろうとする時代においても、君主のあるべき姿に関する考え方にあまり違いは見られませんでした。

キリスト教それ自体はアフリカ北部やロシアなどにも拡がり、エラスムスが著作を献呈したカール五世（彼はスペイン王でもありました）自身が支配するラテンアメリカの国々（現在のメキシコからペルーまで）にも伝えられます。さらに一六世紀半ばには、有名なフランシスコ・ザビエルなどの手によってこの日本にも宣教団が訪れますね。

カール五世は近世から近代にかけてのヨーロッパで最高の格付けを誇ったハプスブルク家の当主でした。彼はネーデルラントやオーストリア、チェコやハンガリー、そしてスペインやイタリア南部など七〇もの国をひとりで統治する、当時最大の封建領主だったのです。しかしその彼が神聖ローマ皇帝となって早々に直面したのが、マルティン・ルターによる宗教改革でした（一五一七年）。

宗教改革と権威のゆらぎ

こうして紀元前六世紀から紀元後七世紀ぐらいまでのあいだに、世界各地に大きな影響力をもった宗教や思想が登場し、すでにそれ以前から政治的・経済的な実力者として民に認められていた「王様」たちの権威を道徳的にも補強していくこととなりました。それはまた、仏教やイスラーム、キリスト教といった宗教の側が王様たちに権威を与える一方で、王様たちから（経済的・軍事的に）保護を受けるという「持ちつ持たれつ」の関係にまで発展していきます。

しかし宗教改革を契機として、それまでローマ教皇庁を頂点にいただく教会が政治的な支配者より上とされてきたヨーロッパ諸国では、教会の権威が大きく揺らぎ、一六世紀半ばからはキリスト教会はカトリック（ローマ教皇の権威を支持する側）とプロテスタント（ローマ教皇に対抗する側）とに分かれ、それは宗教戦争へと発展していくのです。

それと同時に、プロテスタントの側に与《くみ》したイングランドや北欧諸国、さらにドイツ北部の諸国では、教会は国家（支配者）の下に組み込まれ、国のなかでは支配者（王侯）こそが最大の権力と権威とを兼ね備えていく状態が生じていきます。のちの「主権国家」の先がけともいうべき現象ですね。こうしてヨーロッパではキリスト教の変容とともに、君主制自体も大きく変わっていくことになりますが、その様子は次の章で詳しく見ていくことにいたしましょう。

第3章

絶対君主制への道
——中世から近世へ

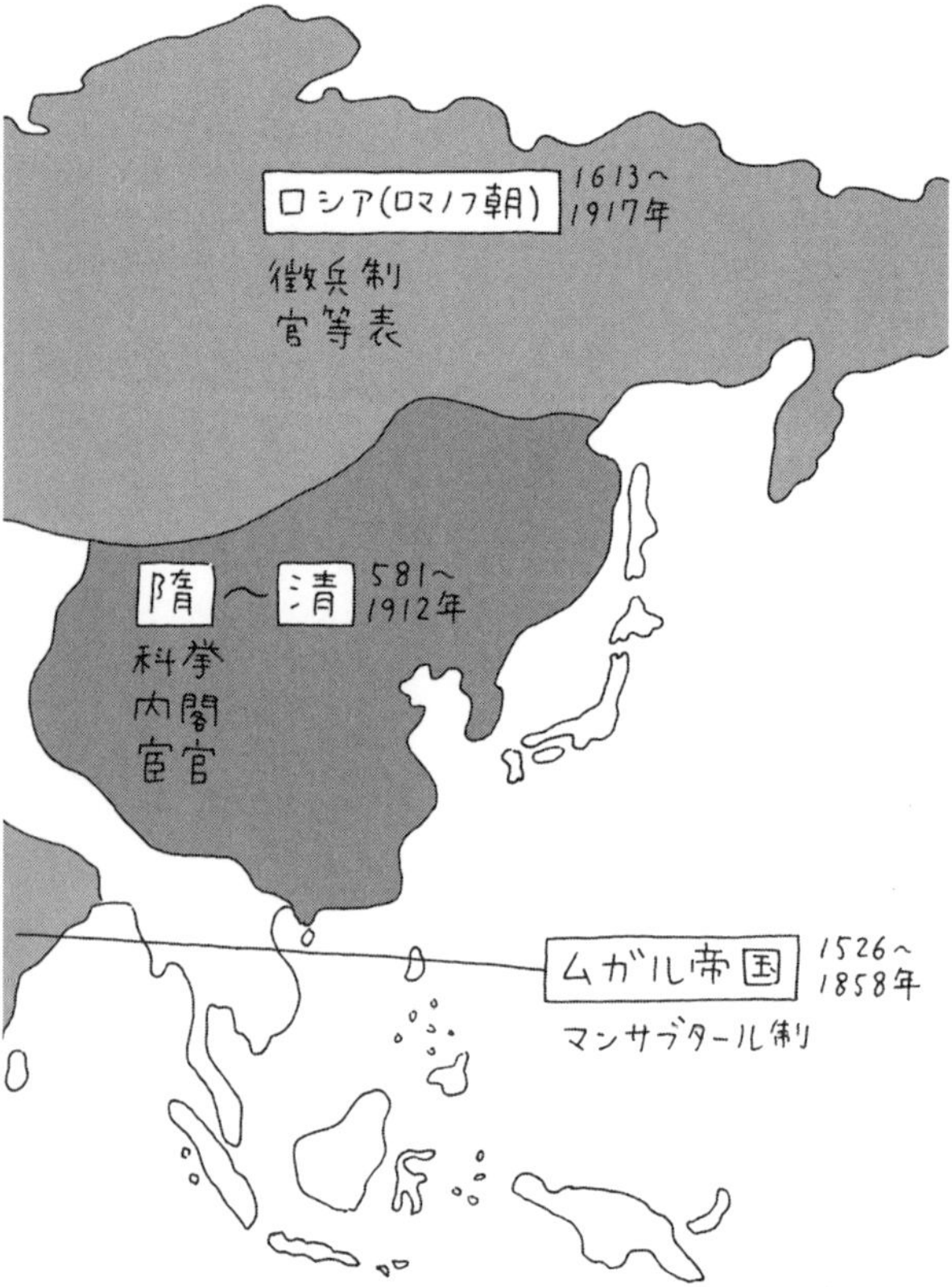
ロシア(ロマノフ朝)
1613～1917年
徴兵制
官等表
隋～清
581～1912年
科挙
内閣
宦官
ムガル帝国
1526～1858年
マンサブダール制

※ ▭ 部は各国の最大領域

フランス王国 17世紀頃
地方監察官
国王民兵制
オスマン帝国 1299～1922年
イェニチェリ
カプクル
ウラマー
官僚と軍隊

この章では、近世へと近づくにつれ、世界各地で強大な権力を握る王様たちが登場していく様子を見ていきます。

近世ヨーロッパではこのような王様を「絶対君主」と呼んでいます。このような君主になるためには、王様の手足となって動く官僚制と常備軍（王様直属の軍）が必要となります。ヨーロッパに先立ち、明《みん》・清《しん》時代の中華帝国やオスマン帝国、ムガル帝国などにすでに強力な官僚と軍隊を備えた皇帝たちが登場しました。しかし彼らが支配する領土はあまりにも広大であり、やがて官僚も軍隊も皇帝の意思からかけ離れ、自立していきます。

これに比べるとコンパクトな領土を治めていたヨーロッパの王様たちは、一七世紀から官僚と軍隊を駆使してそれぞれ絶対君主制を確立していきます。その最も代表的な人物がフランスで「太陽王」と呼ばれ、壮大なヴェルサイユ宮殿で権勢を誇ったルイ一四世です。

1　王権の強化——官僚と常備軍

叙任権闘争

前の章では、いわゆる中世と呼ばれる時期までに各地に世界宗教が登場し、それが各地の王権に神聖性や永続性といった「箔《はく》づけ」をおこなう存在となっていったことを見ました。なかでも教会という組織の力が強かったのがヨーロッパにおけるキリスト教でした。中世も半ばにさしかかりますと、各地の王侯たちはローマ教皇庁ともめ事を起こすようになります。その主な対立が「叙任権闘争」と呼ばれるものでした。

ヨーロッパ各地には大司教や司教といった高位の聖職者らが派遣されていましたが、彼らを叙任（任命）できるのはその土地の王侯なのか、あるいは教会の総本山というべき教皇庁なのかという問題をめぐる闘争ですね。この時期には教皇の力は王侯をもしのぐと言われ、それは教皇には信者を「破門」できる権限が備わっていたからでした。破門とはその宗教から追放することで、破門された人はもはやキリスト教徒ではなくなります。

ヨーロッパの王侯たちが領土争いなどでお互いにいがみ合っても、最後には仲直りするのは、同じキリスト教を信じるという「共同体」に属し、王侯はキリスト教世界では兄弟であると考えられていたからです。その「兄弟げんか」を仲裁する役割が、この世で「神の代理人」とされた教皇でした。実際に、教皇のことをイタリア語では「パパ（英語ではポープ）」と呼んでいますね。したがって破門された王侯はこの共同体（家族）から追い出され、これまでは同じキリスト教徒として禁じられていた「けんか（侵略戦争）」も周辺の王侯たちには許され、また破門された王侯に家臣たちが謀反を起こすことまで許されてしまうのです。

こうした背景から、一〇七七年にはときの教皇から破門された神聖ローマ皇帝（後述します）が三日三晩も教皇の城の前でひざまずいて許しを得たという「カノッサの屈辱」と呼ばれる事件まで起こったほどでした（図12）。

さらに当時のヨーロッパの国際言語はラテン語でした。中世初期においては王侯でさえもラテン語の読み書きができない場合が多く、彼らに代わりその国の法令を作成し、外国からの書簡（今でいう外交文書）を読み、外国に書簡を送る役割を果たしたのが、各地の聖職者たちでした。その頃は各国の大臣たちもほとんど高位の聖職者で占められました。

教皇の没落

しかしやがてローマ教皇庁の権威が失墜する日がおとずれます。イスラームの勢力から聖地エルサレムを奪回するよう教皇庁が呼びかけた十字軍（一〇九六～一二七二年の間に九回の遠征がおこなわれました）が失敗に終わり、教皇庁が二つに分裂する（一三七八～一四一七年）などの混乱により、教皇に支持が集まらなくなってしまったのです。さらには一般の聖職者たちの堕落した生活態度なども問題となり、一五一七年にドイツ北部でマルティン・ルターによる宗教改革の声が高まると、ヨーロッパはカトリック（教皇派）とプロテスタント（反教皇派）に分かれ、

図12　カノッサの屈辱。中央が神聖ローマ皇帝ハインリヒ４世。教皇に会うためトスカーナ女伯マティルデ（右）に願い出る様子

ついには宗教戦争にまで発展してしまいました。

戦争の主な舞台となったのはこんにちのドイツでした。一六世紀当時のドイツは統一されたひとつの国ではなく、神聖ローマ帝国という大小三五〇ぐらいのさまざまな国からなる共同体でした。この帝国を統轄する皇帝には、名門のハプスブルク家の当主が代々収まる傾向にありました（皇帝は選挙で選ばれました）が、宗教改革当時の皇帝は第2章にも登場したカール五世（在位：一五一九～五六年）でした。皇帝は熱心なカトリック信者でしたが、この時代にはもはや教皇による破門も威力がなく、長い戦争の末に、帝国内では領主自身の宗派がその国の宗派とされる「領邦教会制」が採られることに決まりました。

マキャヴェッリ『君主論』

こうして教会は王侯（国家）の下に置かれるようになり、それと同時に新たな君主像も描かれていくのです。前の章で紹介したとおり、キリスト教では「君主の鑑《かがみ》」といわれる幾多の書物のなかで、「徳」を備えた理想的な王侯の姿が描かれてきましたが、宗教改革が起こる前夜の段階ですでにこれに異を唱えるものが現れてくるのです。その代表的な人物がフィレンツェ共和国（イタリア中部）で外交官などを務めたニッコロ・マキャヴェッリ（一四六九〜一五二七）でした。

マキャヴェッリはその代表作『君主論』のなかで、人間など恩知らずで、危険があればさっさと逃げ出すくせに、儲《もう》けることにかけては貪欲であると述べています。彼は、第2章でも紹介した古代中国の韓非《かんぴ》と同じように、人間には信頼を寄せていませんでした。そんな人間にいくら「徳」を示したところでなにもならないというわけですね。マキャヴェッリによればむしろ君主に必要なのは、慈悲深さや信義、人間的な温情、誠実や信心深さではなく、これらを身につけているかのように「見せかける」ことでした。

主権の登場

このマキャヴェッリの考えを痛烈に批判したのが、彼が亡くなった頃にフランスで生まれた思想家のジャン・ボダン（一五二九／三〇〜一五九六）でした。ボダンはあくまでも正しい統治にこだわり、マキャヴェッリが理想とした陰謀的な君主には断固反対でした。そのボダンがこのとき唱えたのが「主権」という考えだったのです。

ボダンは『国家論』のなかで、多くの家族とそれらの間で共通な事柄についての主権をともなった正しい統治をおこなうものこそが国家であると述べています。彼がいう「主権」とは国家の絶対にして永続的な権力であり、当時それを保有するものが王だったのです。

ボダンによれば、王が持つ主権とは、国内的には諸侯や貴族などあらゆる勢力に優越する最高の決定権限を意味し、対外的にはローマ教皇庁をはじめとするあらゆる干渉を排除できる権限のことを指しました。そこには外交権、人事権、最終裁判権、恩赦権、貨幣鋳造権、度量衡統一権、課税権など、さまざまな権限が含まれています。

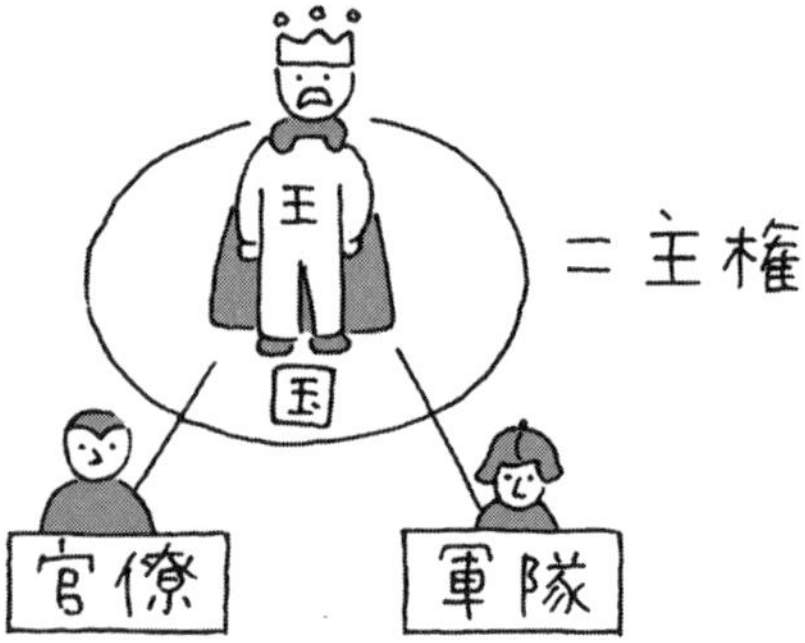

図13　王権の強化

のちの世にこれだけの権限を備えた王権は、「絶対君主制（英語ではabsolute monarchy)」と呼ばれるようになりますが、それまではキリスト教会の権威の下にあり、国内や周辺で競合する諸侯や貴族らに囲まれていた王がなぜそれだけの権限を手に入れるようになったのでしょうか。その重要な条件とされているのが、王が強力な官僚と軍隊（恒常的に編成される常備軍）とを直接的に支配下に置くようになったことにあります（図13）。

ところがマキャヴェッリやボダンの時代には、ヨーロッパの王侯にはいまだそのような官僚も軍隊も確立できるような力などありませんでした。むしろのちにいう絶対君主制下の官僚や軍隊に近い組織を先に有するようになったのは、マキャヴェッリが「東洋の専制主義」と蔑んでいたはずのアジアの大国だったのです。

前章でも述べたように、一六世紀前半のヨーロッパで最大の領土を誇ったのがハプスブルク家のカール五世でしたが、その彼でさえユーラシア大陸という巨大な規模のなかではちっぽけな存在にすぎませんでした。当時の大陸には、東から明王朝の中華帝国、インドのムガル帝国、そして中東から北アフリカ、さらにヨーロッパにまでその勢力を及ぼしたオスマン帝国という、巨大な帝国がひしめいていました。これらアジアの大帝国に比べれば、ヨーロッパなど小さな半島にすぎませんでした。このなかでも最も早い時期から強力な官僚と軍隊を直接的な支配下に置いていたのが唐代以降の中華帝国だったのです。

2　中華帝国と皇帝たち――中央集権的な官僚国家の誕生

科挙

秦漢《しんかん》という帝国が滅びたあと中国はさまざまな勢力に分かれ、統一された巨大な帝国はしばらく登場しませんでした。この時代は「六朝《りくちょう》時代（西暦二二五～五八九年）」と呼ばれています。この時代の中国の政治や経済はもとより、社会や文化を担ったのが貴族でした。特に貴族は各地方で絶大な勢力を誇り、皇帝（天子）といえども彼らには一目置かずにはおられませんでした。

こうした状態を打破しようとしたのが、隋《ずい》王朝の文帝《ぶんてい》（在位：五八一～六〇四年）でした。彼は地方政府に対する世襲的な貴族の優先権を認めず、地方の高等官はすべて中央政府から任命派遣することに決めます。そのための官吏は、これまでのような縁故ではなく、全国から希望者を集めて試験をおこない、それに基づいて登用していくことになります。この試験が有名な「科挙」でした（図14）。西暦五八七年のことです。

　このシステムは次の唐王朝（六一八～九〇七年）にも引き継がれ、さらに宋代（九六〇～一二七九年）ともなりますと、皇帝にはむかう貴族らは姿を消し、科挙の全盛期を迎えます。特に宋代には、初代皇帝の太祖《たいそ》（在位：九六〇～九七六年）のときに、それまでの郷試《きょうし》（地方での試験）、会試《かいし》（中央での試験）に加え、最終試験として殿試《でんし》までおこなわれるようになりました。これは皇帝自らが試験官となるもので、これ以降は、科挙に合格した官吏らは文字通り皇帝直属の官僚という意味合いを持つように変化します。

図14　科挙

　モンゴル人により支配された元王朝（一二七一～一三六八年）で科挙は一時的におこなわれなくなりましたが、次の明王朝（一三六八～一六四四年）では本格的に復活します。特に初代の太祖（洪武《こうぶ》帝《てい》、在位：一三六八～九八年）は「六部《りくぶ》」と呼ばれる六つの部局からなる行政府を自ら掌握することに決めます。それまで六部は中書省が統轄し、ここを取り仕切っていたのが宰相でしたが、太祖は中書省も宰相も廃止して、政府の機構をすべて皇帝直属のかたちに作り替えていくのです。

前の章でも紹介しましたが、『韓非子』のなかに宰相などの高官に全権を与えると天子の権勢が衰えるとありましたが、明朝の太祖はまさに全権を掌握した皇帝となりました。また彼は建国の功臣たちを次々と粛清し、皇太子や王子など自身の血縁に中央・地方の統治を任せていきます。

内閣と宦官

また太祖が創始し、息子で第三代皇帝の永楽帝《えいらくてい》（在位：一四〇二～二四年）が整備したのが「内閣制度」でした。

「内」とは宮内《くない》・宮中のこと、「閣」とは殿閣の意味で、もともとは宮中の学問所のことです。ここの内閣大学士（主導的な教授）は皇帝に学問を講ずるのが役目でしたが、彼らは次第に皇帝側近の相談役、諮問機関へと発展していきます。特に永楽帝の時代から機密の政務にも携わっていきます。さらに宮中に仕える皇帝の召使いである宦官《かんがん》は、皇子たちとも幼少時より親しく、やがて特使や密偵などの役割も果たしていきます。

中華の皇帝権力をささえてきたのは、行政・軍事・監察・財政などがありますが、なかでも重要だったのが行政と軍事でした。特に行政は「皇帝親政」ともいうべき、皇帝のみで事実上取り仕切っていく道を選んだ太祖が、政務の相談役として内閣を、文書の整理役として宦官を重用していく体制を築いていくことになります。「信頼できるのは自分だけ」という観念を強く抱いていた太祖は、明帝国を「私物化」し、「絶対帝制」ともいうべき国家体制を形成していくのです。

官僚制の腐敗

しかし時代が進むとともに、皇帝権力を取り巻く勢力、とりわけ宦官には腐敗が生じていきます。つまり賄賂（収賄）政治ですね。それは宦官の権力に群がる官僚たちにももちろん拡《ひろ》がりました。

明代末期に登場した儒学者の黄宗羲《こうそうぎ》（一六一〇〜一六九五）は、明朝が天下の「私物化」を組織化し、制度化・体制化したことが、その後の政治腐敗を招いたと強く非難しています。同時代の儒学者である顧炎武《こえんぶ》（一六一三〜一六八二）も、このように「私物化」された政治と、この間（一五〜一六世紀）に独自の力量をつけるようになっていた民間（各地の社会・経済的な共同体）との間に大きな隔たりが生まれてしまったことが、明の衰退を招いたと述べています。

その明が一六四四年に滅亡し、新たに清《しん》王朝（一六四四〜一九一二年）が形成されます。清は北方の満洲《まんしゅう》人によって建国されましたが、それは人口比でいえば一〇〇倍以上にもおよぶ漢人を支配することを意味しました。王朝の最盛期を築いた皇帝のひとり康《こう》熙《き》帝《てい》（在位：一六六一〜一七二二年）は、「なにが治めにくいといっても、漢人ほど治めにくいものはない」と、その晩年に嘆いていたといわれています。満（満洲）・蒙《もう》（モンゴル）・漢・蔵（チベット）・回（ウィグル）の五つからなる中国（もちろん実際にはこれ以外にも現在でいう少数民族が多数おります）を、最大派の漢人以外のものが治めるのは想像を絶する事業であったことでしょう。

雍正帝の官僚機構

こうしたなかで皇帝独裁により広大な清帝国を治めたのが、康熙帝の次代の雍正帝《ようせいてい》（在位：一七二二〜三五年）でした（図15）。もともと満洲人出身だった清王朝の初期の皇帝たちは、漢文化にあまり慣れ親しんでおりませんでした。このため科挙の最終試験である殿試でも大臣に任せてしまう場合がありました。四五歳で即位した雍正帝は漢文化の素養に優れ、自ら選んだ官僚たちを手足として使いこなしていきます。彼らは広大な中華帝国の隅々にまで派遣され、各地に関わる詳細な情報を北京の皇帝に手紙で送ります。

図15　雍正帝

きまじめだった雍正帝はそのすべてに細かく目を通し、優れた報告書を書いたものには賞賛を与え、不備だらけの報告書を送ってきたものには赤い字で直して悪口雑言も交えながら送り返すという作業を繰り返しました。皇帝は朝四時には起床し、数々の書物を読み、七時までには朝食を終えて大臣らに引見し、午後も仕事をこなしながら地方官からの報告書にすべて目を通して、返事を書き込む作業を夜遅くまで続けました。

雍正帝は執務室の入口に「君主であることは難しいことだ」との言葉を、その両側の柱には「天下が治まるか治まらないかは、私ひとりの責任である」「私ひとりのために天下を苦労させることはしたくない」と書かれた額を飾っていたと言われています。

しかしこれだけ勤勉で天下（民）のことを思って日々の公務を続けていた雍正帝でさえも、広大な中華帝国を治めきれなかったのが現実でした。たしかに雍正帝は精緻な官僚機構を築きましたが、官僚機構というものはいったん完成してしまえば、今度は皇帝の独裁権に制約を加えていくものです。中央はもとより地方の官僚とも手紙のやり取りを通じてつながっていた雍正帝にとってさえ、中国はあまりにも広大すぎたのです。この広大さがまた中国の歴代王朝に独裁政治を生み出しました。しかし、雍正帝は個々の官僚には力を及ぼせたかもしれませんが、官僚階級まですべて掌握できたわけではありませんでした。

すでに見てきたとおり、中国では雍正帝が登場するはるか以前から、官僚階級が幅をきかせ、特に地方では彼らが勝手に税金を納めさせることもありました。明の太祖は徹底的に官僚を嫌い、彼らの収入も低いものでした。このため俸給の一〇〇〇倍以上をも着服するような官僚も珍しくなかったのです。

雍正帝はこうした官僚の腐敗を防ごうと、官僚の清廉な態度を高めるために彼らの本給の一〇～一〇〇倍もの手当を加算して支給をおこなう「養廉銀《ようれんぎん》」という制度を導入しました。しかしそれでも収賄が消えることはありませんでした。

雍正帝の次代の乾隆帝《けんりゅうてい》（在位：一七三五～九五年）に仕え、最後は大臣にまでのぼりつめた和珅《わしん》など、さらに次の嘉慶帝《かけいてい》（在位：一七九五～一八二〇年）に捕らえられたとき、総額で一〇億数千万両もの私財を蓄えていたとされています。帝国の国庫歳入が七〇〇〇万両だった時代のことですから、その額がいかに巨大であったかがうかがえますね。

ところがこの話を聞いた民は「和珅が弾劾されて、嘉慶は満腹する」と逆に皇帝を非難する有様でした。これだけの私財を没収しておきながら、皇帝がそれ以降も毎年重い税金を民に課したからです。これだけの富を得られれば一〇年くらい税を取らなくても国庫はまかなえると普通は思いますよね。

科挙が導入され、皇帝自らが官僚たちを掌握していたかに見えていた歴代の中華帝国も、その官僚組織によってむしばまれ、やがて二〇世紀の幕が開けると同時に清王朝も崩壊の道をたどっていくことになります。

3 オスマン帝国の盛衰――軍人の帝国から官僚の帝国へ

オスマン朝の登場

中国に大元帝国が登場してしばらく経った頃、その元を築いたモンゴル人の西側の支配地から現れたのがオスマン朝（一二九九～一九二二年）でした。

第2章でも説明しましたが、一〇五五年にセルジューク朝のトゥグリル・ベクがアッバース朝のカリフからイスラーム世界の世俗の支配者である「スルタン」の称号を与えられ、これ以後は開祖ムハンマドの理念的な継承者としての権威をカリフが、世俗の権力をスルタンがそれぞれ保持するという、二重の統治体制が常態化していきました。

やがてユーラシア中央部にチンギス・ハン（在位：一二〇六～二七年）のモンゴル帝国が現れ、その孫のフラグによってバグダードのアッバース朝が滅ぼされ（一二五八年）、カリフはエジプトのカイロへと逃れます。フラグによって建国されたイル・ハン朝も一四世紀半ばに滅亡しますが、その頃に登場してくるのがオスマン朝三代目のムラト一世（在位：一三六二頃〜八九年）でした。このムラトの時代にオスマンはバルカン半島に侵攻し、エーゲ海の北岸をすべて手に入れていきます。

新しい軍イェニチェリ

このムラトのオスマン軍を支えた一翼がイェニチェリと呼ばれる常備歩兵の軍団でした。「新しい軍」を意味するイェニチェリは、それまでのオスマン軍の主力を担ったトルコ系で自由身分のイスラーム教徒からなる騎兵部隊とは異なり、元キリスト教徒の奴隷によって構成されていました。奴隷とはいっても、イスラーム法の下で彼らには一定の権利が保障されていましたし、解放されることもしばしば見られました。

イェニチェリはオスマン帝国の拡大にあたって大きな役割を果たすようになり、やがて彼らは支配者層の一員として免税特権を持ち、年金やさまざまな一時金まで支給されるようになっていきます。一六世紀に入り、大砲や鉄砲などが戦闘で重視される戦術に

図16　銃を持つイェニチェリ

変わりますと、騎兵に代わって彼らイェニチェリが重宝されるようになります（図16）。一六世紀前半には八〇〇〇人程度であったイェニチェリは、一七世紀初頭までには四万人にまで膨れ上がります。このようにオスマンの君主は、比較的早い時期から自身の手足として働く常備歩兵を整え、領土内でも大きな勢力を誇ることとなります。

皇帝の兄弟殺し

そのオスマンが実力を誇示したのが、一四五三年に東ローマ帝国（ビザンツ帝国）の都コンスタンティノポリスを征服したときのことでしょう。ここはオスマンの新たな帝都に改められ、イスタンブルと改名されます。この偉業を達成したのがメフメト二世（在位：一四四四～四六、五一～八一年）でしたが、この彼の治世でオスマン朝の慣例となったのが「兄弟殺し」でした。トルコ・モンゴル系の王朝は、強力な指導者がいるあいだは強力なまとまりを保つのですが、指導者が亡くなると途端に熾烈《しれつ》な後継者争いが起こり、短期間で滅亡してしまう事例が多かったのです。

イスラームや東アジアの王侯は「一夫多妻制」を採ることが多く、世継ぎとなれるのは男子に限られていましたが、その数も多かったわけです。君主が亡くなると、息子たちの間で壮絶な後継者争いが生じ、それがひいては王朝を滅ぼしてしまう原因にもなりました。メフメト二世はこうした状況を避けるために、自らが即位するにあたり弟を処刑しました。このようにオスマンでは兄弟のなかから特定の人物が君主に即《つ》くと、残りの兄弟は皆殺しにされるという慣例が始まり、それは一七世紀初頭（一六〇三年）まで続きました。

同様に兄弟間で殺し合いの継承争いが生じたのがこのあと紹介するインドのムガル帝国でしたが、同じく大勢の兄弟のなかから皇帝が選ばれた清王朝の中華帝国では「殺し合い」にまで発展することはありませんでした。先に紹介した雍正帝（康熙帝の四男）にしても、一四人の兄弟のなかから皇帝にのぼりつめ、その後に弟たちと敵対することはありましたが、処刑するまでには至っていません。

ウラマーとカプクル

さてイスタンブルに帝都を構え、ここに壮大なトプカプ宮殿を建設させたメフメト二世は、大宰相を筆頭とする大臣たち、イスラームのウラマーたちを使って帝国の統治にあたらせていきました。なかでもメフメトが君主に権力を集中するために進めたのが、君主に直属の奴隷である「カプクル」を政権運営の主体に据えたことでした。オスマンには他の帝国や地域に見られたような貴族や名士層は早い時期に根絶やしにされ、原則として君主と国家にのみ仕えるカプクルが政治の中枢を握ることとなります。

さらに一六世紀に入ると、セリム一世（在位：一五一二〜二〇年）によってエジプトのマムルーク朝が滅ぼされますが（一五一六年）、このときカイロにいたアッバース朝カリフの末裔《まつえい》もイスタンブルに連れてこられました。このときカリフの位がセリム一世に譲られ、これ以降、オスマン帝国の君主がスルタンとカリフを兼ねる「スルタン＝カリフ制」が始まったとされる説があります。

ただしこれを裏づける証拠となるような史料はいっさい残っておらず、この説ものちの一八世紀に創られたものではないかと言われています。

そもそもオスマンの君主は「スルタン」ではなく、「帝王（パーディシャー）」と名乗っており、これが正式な称号とされています。「スルタン＝カリフ制」の逸話が後の世に創られた伝説であるにせよ、一六世紀初頭の時点で、オスマンの帝王はもはやイスラーム世界では並ぶもののない巨大な存在となっていたことに間違いはありません。

スレイマン一世の栄光と衰退

図17　スレイマン1世

そのオスマン帝国をさらに拡大したのが、セリムの後継の帝王であったスレイマン一世（在位：一五二〇～六六年）でした（図17）。彼はヨーロッパで「壮麗王（マグニフィセント）」の呼び名で知られた人物でしたが、それはスレイマンがヨーロッパを恐怖に陥れた最初のオスマンの帝王だったからかもしれません。一五二九年にスレイマンは自ら一五万人ともいわれる大軍を率いて、ハプスブルク帝国の都ウィーンに侵攻したのです。

この本でもおなじみの神聖ローマ皇帝カール五世は、当時はフランスとの抗争に集中し、弟（フェルディナント）が守るウィーンに兵を回せませんでした。実はフランスは異教徒のオスマンとカールを挟み撃ちにするために同盟を結んでいたのです。スレイマンは悪天候にも祟《たた》られウィーンに到着するのに手間がかかり、結局、このときは攻略に失敗します。しかしわずか三週間とはいえ、強大なオスマン軍に攻囲されたウィーンの市民にとって、「オスマン」はその後も恐怖の代名詞として語り継がれていくことになるのです。

半世紀近くに及んだスレイマンの治世も末期に近づくと、清王朝の最盛期と同じような状況が現れます。すなわち君主の忠実なしもべであるカプクル（その筆頭が大宰相でした）が絶大な権力を振るうようになったのです。中華帝国と同様に、オスマン帝国もその領土が拡がれば拡がるほど、帝国を運営するための機構も複雑化し、それを担うものたちの権限も増大していきます。その結果、彼らを生み出したオスマンの帝王自身の絶対専制君主としての大権が制限されていくことになったのです。

さらにオスマン帝国は一七世紀にはいると、帝国全土を支配・管理していく役割を大宰相府が担うこととなり、広大な帝国の行政と財政はすべて官僚たちによる文書で統轄されていきます。いつしかオスマン帝国は、軍人によって拡大した帝国が、官僚により統治される帝国へと変貌を遂げていました。

このようにオスマンの帝王も、カプクルに代表される直属の官僚とイェニチェリに代表される直属の常備軍によって絶対的な権力を手に入れましたが、やがては彼らによりその絶対君主としての権限が制約を受け、彼らの腐敗行為により、帝国も弱体化するのです。

4　ムガル帝国の光と影――分権的なインドの悲劇

一三歳のアクバル帝

オスマン帝国にスレイマン一世が颯爽《さっそう》と登場してきた頃、南アジアではムガル朝（一五二六～一八五八年）がその勢力を固めつつありました。カーブル（現在のアフガニスタン）の王であったバーブル（在位：一五二六～三〇年）が、インドのデリーに入城したこ

図18　幼少期のアクバル

とで始まった王朝は、バーブルの母方の先祖がチンギス・ハンであることから、インドの言語で蒙古を意味する「ムガル」と呼ばれるようになります。

王朝三代目の皇帝に即いたのがまだ一三歳の幼いアクバル（在位：一五五六〜一六〇五年）でした（図18）。当初は宰相らによって事実上の主導権を握られていたアクバルは、二〇歳を迎えた一五六二年から親政を開始します。権限が集中していた宰相職に代わり、財務長官、監察長官、管財長官、司法長官という四人の長官職からなる体制を築き、すべて皇帝自身の管轄下に置いてしまいます。これによって独裁的な皇帝権が確立されるのです。

マンサブタール制

一六世紀後半からは、インドでも大砲や火器類が戦争で大きな威力を示すようになりましたが、各種の戦闘において勝敗を決定づけたのは、昔ながらの騎兵戦力でした。上級の軍人にはマンサブという官位が与えられ、彼らは総称でマンサブタールと呼ばれました。マンサブタールは官位に応じた俸禄を受け、その俸禄で自身の支配下の騎兵たちを維持していきます。マンサブタールの叙任権は皇帝にあり、ここに皇帝は集権的な軍人官僚制を作り上げたのです。

またアクバルは、文官も含めた高官たちの地位の等級づけも導入していきます。三三の等級からなるマンサブタール制は、皇帝が文武の両官を支配し、絶対的な専制体制を築くうえで重要でしたが、すでにアクバル治世の末期の頃までには帝国歳入の八〇％以上が、マンサブタール制を維持するために使われていました。帝国歳入の最大の部分は地租（土地税）収入が占めており、マンサブタールには地租の徴収権も与えられていきます。

ムガル王朝はイスラームの家系であり、国家統治の基本も刑罰もイスラーム法に則《のっと》っていました。しかし当時のムガル帝国の領内ではムスリム（イスラーム教徒）は人口の一割未満（一〇〇〇万人程度）にすぎず、大半はヒンドゥー教徒で占められていました。

当初は非ムスリムの成人男子には人頭税（ジズヤ）が課せられていましたが、アクバルは親政を開始するやすぐさまこれを廃止し（一五六四年）、非ムスリムに穏健な態度を示します。

拡大と衰退

しかし皇帝を頂点にいただいた中央集権体制は、事実上アクバルの時代で終焉《しゅうえん》を迎えてしまいます。地租を基盤とする軍事・官僚制度は、アクバルの治世のように膨大な戦利品と広大な領土を獲得できた帝国の発展期には維持することができましたが、帝国が守勢期（守りの時期）にはいるやそうもいかなくなってしまったのです。

他方で、ムガル帝国の場合には、皇帝の代が替わるごとに都が移され、そのたびに豪華な城や宮殿が建てられ、荘厳なモスク（イスラームの礼拝堂）や墓廟《ぼびょう》も皇帝の権威を知らしめる重要な「装置」として機能しました。

第五代皇帝シャー・ジャハーン（在位：一六二八〜五八年）が亡き妃《きさき》のために造らせた廟「タージ・マハル」は世界的にも有名ですよね。

さらに皇帝は周辺の王侯たちを集めておこなう謁見の儀（ダルバール）によって、その権威を帝国全土に見せつけました。

帝国の版図が最大となったのは第六代皇帝アウラングゼーブ（在位：一六五八〜一七〇七年）の時代です。彼は父シャー・ジャハーンが病気で倒れると、すぐさま父を幽閉し、三人の兄弟をすべて倒して皇帝の座をもぎ取ったのです。オスマン朝にも見られた兄弟間の骨肉の争いですね。しかしアウラングゼーブにはアクバルのような宗教的寛容さがなく、ジズヤも復活させ、帝国は混乱期を迎えます。拡大しきった帝国各地では反乱が絶えず、西インドの地方で農民カーストの上層部が築いたマラーター王国が、その勢力を西海岸で急激に拡大していきました。

アウラングゼーブはたびたびマラーター追討のため遠征をおこないましたが、山岳地での戦闘に慣れていないムガル軍はマラーター軍に壊滅的な打撃を与えられませんでした。アウラングゼーブの時代には帝国は二〇の州から構成され、各州に総督が派遣されていましたが、度重なる敗戦で皇帝の威信は低下していきます。

すでに解説しましたが、基本的には平野部の多い中国とは異なり、インドはさまざまな地形や気候を有する複合国家から成り立っておりました。そのような複合国家を集権的に統治していくためには、軍事的・警察的に強力で、社会諸集団のあいだの利害を調整できる、超越的な皇帝権が必要ではありましたが、それは帝国の版図が最大に達したアウラングゼーブの治世にすでに行き詰まりを見せていたのです。インドでは中華帝国のような専制的な官僚機構は、結局、形成することはできませんでした。

アウラングゼーブは一八世紀初頭にこの世を去りますが、この頃までには西部のマラーター王国に加え、イギリス東インド会社という新たな勢力までインドに進出してきます。

5　ヨーロッパの絶対君主制

小さな国の大きな権力

このように官僚と常備軍を自らの支配下に収め、中央集権的な独裁体制を築こうとする試みは、歴代王朝を擁した中華帝国を筆頭に、オスマンやムガルなどイスラームの帝国でも見られた現象でした。しかし最も官僚機構が整っていた中国でさえ、皇帝が彼らを手足として使って統治するにはあまりに広大すぎたのです。一国だけでヨーロッパ大陸全体を凌駕《りょうが》するような領土を誇ったオスマン帝国やムガル帝国にしてもしかりでした。

これに対して、古代ローマ帝国が崩壊した後には、ヨーロッパには大陸全土を支配するような「普遍的な帝国」が現れにくい状態が続きました。宗教の側面ではローマ教皇庁が西欧で普遍的（そもそも「カトリック」とはギリシャ語で普遍的という意味です）な存在になったことがありますが、それも十字軍の失敗や教会大分裂、そして宗教改革を決定打に教皇庁の影響力は衰退しました。また政治的・軍事的にも、カール五世のハプスブルク帝国が西欧で最大の勢力を誇ったこともありますが、周辺諸国の反発もあり、帝国は彼が退位すると（一五五六年）二つに分裂していくのです。

ヨーロッパにはこのように「普遍的な」存在に抵抗する気風が強く、国際政治の用語では「勢力均衡（バランス・オブ・パワー）」と呼び、野心的な大国が登場しそうになると、周辺の国々で早いうちに叩いてそれを阻止する傾向にありました。

こうして中華やオスマンのような広大な帝国を治める必要などなく、よりコンパクトな領土を、君主を中核に専制的な独裁権の下で官僚や常備軍を用いて統治をおこなう

「絶対君主制」がヨーロッパに現れてくるのです。その最も代表的な事例が、ルイ一四世（在位：一六四三～一七一五年）治世下のフランス王国でした（図19）。

図19　ルイ14世

王権神授説

実はルイ一四世が登場する半世紀以上前、すでにヨーロッパでは絶対君主制を理論的に正統化するような著作が現れていました。それが先にも紹介したフランスのボダンによる『国家論』でした。ボダンに言わせると、それまで教皇や皇帝が示した普遍的支配権が否定されたこんにちでは、王こそが不可侵の主権を独占する存在となりました。王は地上における神の代理人であり、「神が支配する宇宙」「王が統治する国家」「父親が治める家」を同じ秩序としてとらえ、ボダンは「王権には、状況に応じて法を変え、改正する権力」が備わっていると唱えたのです。

これがのちに「王権神授説」と呼ばれる理論の大もととなります。ボダンより若干遅れてこの理論を打ち出したのが、スコットランド王国の代表的な思想家でした。しかもそれはなんと王様自身だったのです。ジェームズ六世（在位：一五六七～一六二五年）でした。彼は『自由なる君主制の真の法』という書物のなかで、王の絶対的権力とは王が法律よりも優位に位置し、法に制限されていないと明確に述べています。それは王の権力が直接、神に由来するものと考えていたからですね。

ジェームズはこの本を出版した五年後、すぐ南のイングランドの王も兼ねることになります。イングランド王としてはジェームズ一世と呼ばれます。イングランドでは中世以来、高位の聖職者や貴族たちの集まりから始まった議会が大きな勢力を持っていました。王といえども議会に無断で政治を進めることはできませんでした。ジェームズは、理論的には王権神授説を提唱していましたが、現実の政治を進めるうえでは議会と折り合いをつけて行動しました。ところが息子のチャールズ一世（在位：一六二五～四九年）は違いました。

イングランドの名誉革命

チャールズは自身の政策に反発する議会と衝突し、それはついに「清教徒《ピューリタン》革命（一六四二〜四九年）」とも呼ばれる内乱に発展してしまいます。戦争に敗れたチャールズは公衆の面前で首を切られ、イングランドは「共和政」に転じてしまいます。彼が絶対君主制を打ち立てようとして失敗した理由のひとつは、これまでも述べてきたように、強力な官僚も常備軍も持たないのにそのような体制を築こうとした点にありました。イングランドでは中央は有力な貴族が、地方ではジェントリと呼ばれる中小地主がそれぞれ無給（給与を受け取らない）で議員や州統監（知事）、治安判事などを務めており、また王には直属の強力な軍隊がまだなく、いざというときは貴族やジェントリの軍事力に頼っていたのです。

やがてイングランドには王政が復活しますが（一六六〇年）、チャールズ一世の次男でのちに王となるジェームズ二世（在位：一六八五〜八八年）は、父の失敗から学び、中央の大臣、地方の統監や治安判事を自身の子分で固めて、即位直後に生じた反乱を鎮圧するために議会の承認を得て集めた軍隊をそのまま解散せず、まさに官僚と常備軍を直接支配しようと試みたのです。しかしこれは未然に防がれ、ジェームズはあっけなく王位を追われ、フランスへと亡命していきました。世に言う「名誉革命（一六八八～八九年）」です。

このようにイングランド（スコットランドやアイルランドも含めて）では、王の自由になる強力な官僚や常備軍が育たず、これまで「絶対君主制の時代」と表現されてきたテューダー王朝の時代はもちろん、その後も絶対君主制が形成されることはありませんでした。

ルイ一四世の野望──絶対君主制の確立

名誉革命で王座を追われたジェームズが頼ったのが、母の兄（ルイ一三世）の子であるいとこのフランス王ルイ一四世でした。

ルイはイングランドにおけるチャールズ一世やジェームズ二世の失敗を冷徹に見ていたはずです。彼は父の死によりわずか四歳で王位に即きました。幼少時は宰相のマザランが実質的な統治をおこないましたが、彼が亡くなると（マザラン自身の遺言でもありましたが）宰相職を廃止し、財務統監や国務卿《こくむきょう》（外務・陸軍・海軍などに置かれる）といった大臣たちを直接支配下に置いて、自ら政務を取り仕切ることにしたのです。

先に紹介した明の太祖やムガルのアクバルと同じ手法ですよね。ルイ一四世の時代までには、イエズス会の宣教師（有名なマテオ・リッチなど）によって中華帝国、さらに旅行家のフランソワ・ベルニエによってムガル帝国の詳細な情報もフランスに伝わっていたと思われます。特にベルニエはその旅行記をルイ一四世に献呈していました。こうしたいくつもの情報から、マザランにしろルイ一四世にしろ「絶対君主制」を確立するための手法をこれらアジアの帝国から学んでいたとも考えられますね。

地方監察官と国王民兵制

ただしルイ一四世が登場するまでのフランスの官僚制は、近代国家の官僚のような機能性も合理性も持ち合わせてはいませんでした。特に官職は高額で売買され、世襲（親子代々）で保有できるようになり、特権的な階層が生まれます。やがて特権的な官僚の目付役として、国王直属の親任官僚である地方監察官（アンタンダン）の制度が導入されますが、彼らの権限が強化されていくのがルイ一四世の治世になってからのことなのです。

またルイ一四世の時代からは国王民兵制も導入されます。それまでの兵士は志願制で集められていましたが、キリスト教会の各教区から兵士を強制的にださせる徴兵制として、国王民兵制が作られました。ただし特権身分や官職保有者は免除されるなどの「抜け道」も見られましたので、一九世紀以降に見られる近代的な徴兵制とはまだ異なるものでした。それでもルイ一四世の時代までには、フランス軍は五〇万人規模という西欧でも最大級の軍隊へと成長し、この軍事力をもとにフランスは侵略戦争に乗り出していくのです。

貴族たちの舞台

さらにルイ一四世は国内では貴族たちに対して絶対的な権威を見せつけていきます。中世以来の格式を誇る貴族らは名誉的な官職や年金によって国王に引きつけられ、宮廷貴族化していきます。また官職を保有する比較的新しい貴族たちも国王直属の官僚としてその地位を保つようになります。

こうした貴族たちが集まる舞台が、国王がパリ郊外に新たに造営したヴェルサイユ宮殿でした。父の時代には狩猟用の館にすぎなかった場所が、ルイ一四世によって見事な庭園や最新式の噴水なども備える巨大な宮殿に造り替えられます。宮殿には貴族や外国使節、出入りの業者も含め、一万人が生活していたといわれています。さらに宮殿の周りには四万人もの人々が移り住み、かつての寒村は大都市となりました。

国王自身も若い頃にはバレエをたしなみ、「太陽王」の装束で見事な踊りを披露しましたが、宮殿に付属する劇場では音楽会や演劇が夜ごと上演されていました。また国王が朝起きたときから夜寝るまでの日常生活も、毎日同じ時間帯にまるで儀式のようにおこなわれ、ヴェルサイユはまさに政治の中枢となります。さらにこの時代のフランスで築かれた「礼儀正しさ・上品さ（civilité）」を備えたものが「文明（civilisation）」につながるとの観念もヨーロッパ全体で定着していきます。

ルイ一四世の時代までには、ヨーロッパの国際言語はフランス語へと変わっていました。それまでの共通語だったラテン語は「カトリックの言葉」として、主にヨーロッパの北に多いプロテスタント諸国から嫌われ、文法的に曖昧ではなく、一七世紀半ばまでには全国的に統一的な表現でまとめられたフランス語がこれに取って代わるのです。一六七〇年代から戦争の後に開かれる国際会議で使用される言語はフランス語になっていきます。

ルイ一四世の時代のフランスは、他のヨーロッパ諸国に先がけて絶対君主制を形成した政治や外交の分野だけではなく、文化の面でも主導的な役割を果たしていくのです。

プロイセン国王の登場

このようにルイ一四世がお手本を示していくかたちで、ヨーロッパには一七世紀末から次々と絶対君主制が築かれていくようになりました。

フランスは一六世紀頃から王権が徐々に強化され、比較的「国家」としてのまとまりも見られましたが、神聖ローマ帝国を構成するドイツ諸国は、多様な民族から成り立っていたり、等族《とうぞく》と呼ばれる諸侯たちがそれぞれの領邦で大きな力を持つことがありました。こうしたなかで等族たちと折り合いをつけて、領邦の君主らは絶対君主制の確立に乗り出していきました。

まずは帝国北部で選帝侯（神聖ローマ皇帝の選挙権を持つ有力王侯）のひとりであったブランデンブルク辺境伯です。ここではルイ一四世が親政を開始したのと同時期（一六六〇〜六一年）に、辺境伯が領内の等族との話し合いを経て、常備軍を持つことと恒常的な課税を認められることになります。またフランスと同じように特権的な保有官僚とは別に、委任官僚という辺境伯に直属の官僚組織も作り、中央集権的な権限を手に入れます。

やがて辺境伯は神聖ローマ皇帝との話し合いで、飛び地となっていた領地（現在のポーランド）の名称から「プロイセン国王」を名乗ります（一七〇一年）。その二代目の王であるフリードリヒ・ヴィルヘルム一世（在位：一七一三〜四〇年）は「軍人王」の異名を取り、将校団の改編や徴兵区制度（カントン制度）の導入などで、自国の兵士を補充しやすくしていきます。軍人王が亡くなる頃までには、プロイセンはヨーロッパでも四番目の軍事力を誇るようになりました。

「すべてを人民のために、しかしなにごとも人民によらず」

こうした官僚制度と常備軍を背景に、彼の後継者であるフリードリヒ二世（在位：一七四〇～八六年）の時代には、プロイセンはオーストリアなどとの戦争に勝利を収め、領土も人口も一気に拡大していくことになります。のちに「大王」と呼ばれたフリードリヒは自らを「国家第一の下僕（召使い）」と呼び、近代的な国家造りに邁進《まいしん》していきます。

ウィーンに拠点を置きながらも、ベーメン（チェコ）やハンガリーも治める多民族国家のオーストリア（ハプスブルク帝国）は、言語や宗教（宗派）はもとより、文化や制度もそれぞれに異なり、中央集権的に帝国をまとめていくのは至難の業でした。それでもプロイセンとの戦争などを経験して、フリードリヒ大王の改革に触発され、大王のライバルであったマリア・テレジア（ベーメン女王などとしての在位：一七四〇～八〇年）と息子のヨーゼフ二世（在位：一七六五～九〇年）の時代に行政・軍制改革を進め、強力な王権を築いていくことになりました。

フリードリヒやマリア・テレジア、ヨーゼフ二世などは、ルイ一四世の時代とは異なり、宗教的寛容を許し、産業の育成や農業の保護などで中流・下層民への配慮なども示す「啓蒙専制君主」あるいは「啓蒙絶対君主」とも呼ばれています。

「専制君主」という名称からもおわかりのとおり、彼らは政治に関わるほぼ全権を掌握しておりました。フリードリヒ二世の言葉にもありますが、「すべてを人民のために、しかしなにごとも人民によらず」というのが基本でした。しかしだからこそ「人民」のことを思ってくれる王に人々は請願書を直接渡すなどして、君主に頼っていたのです。

ロシアのツァーリ

さらに一七世紀までは「アジアの専制国家」と軽蔑され、ヨーロッパの一員と認められていなかったのが東のロシアでした。その頃までにロシアは世界でも最大級の領土を保有していましたが、その大半はアジアとも呼ぶべき地域でした。しかも中華帝国（清）や、オスマン帝国にも戦闘で負け、ヨーロッパ諸国にさえ文化的に劣るような国だったのです。

ここに登場したのがピョートル一世（在位：一六八二～一七二五年）でした（図20）。一七世紀末に使節団を率いて西欧世界を自ら視察したピョートルは、近代的な技術や政治・経済・軍事制度も学び自国に導入していきます。特にスウェーデンとの北方大戦争(一七〇〇〜二一年)において緒戦に敗退するや、二〇世帯につきひとりの若者を徴用する徴兵制度を作り上げました。また強力な常備軍を維持するためにあらゆるものに税金もかけました。このため各地で反乱が生じましたが、これもすべて鎮圧し、最終的にはスウェーデンとの戦争にも勝利して、ロシアは一躍ヨーロッパの大国の仲間入りを果たしていくのです。

図20 ピョートル1世

この間にピョートルは元老院と参議会を自らの下に置き、貴族らを文武両官に就けて、貴族の国家勤務を義務化していきます。さらに国家機構に二六二にも及ぶ官職を設けて、それをおのおの一四のランクに分ける「官等表」も設置し、能力や努力次第で低い身分のものでも貴族に昇進できるよう取りはからいました。

のちに「大帝」と呼ばれたこのピョートルの時代から、ロシアは商工業にも積極的に乗り出していきますが、当時のロシアはまだ農業国であり、「農奴」と呼ばれる奴隷身分の農民たちがその大半をまかなっていました。中華帝国やオスマン帝国を大きくしのぐほどの領土を抱えたロシアは、「皇帝（ツァーリ）」が絶対的な権力を掌握し、圧政によって全土を支配する以外に帝国を維持する術《すべ》はなかったのかもしれません。

以上の三国は主な事例として紹介させていただきましたが、ヨーロッパでは一八世紀の半ばまでには大小さまざまな国々が「絶対君主制」を採用して、強大な権力を握った君主の下にその勢力を拡張していく傾向にありました。しかし時代は確実に変わっていきました。君主を頂点にいただき、貴族たちが特権をむさぼる体制は、徐々に経済的な力をつけていた商工業階級や農民たちからの不満に直面し、それは大革命へとつながります。その舞台となったのが、ルイ一四世が絶対君主制を築き上げたほかならぬフランスだったのです。

第4章

市民革命の時代——一七世紀から二〇世紀へ

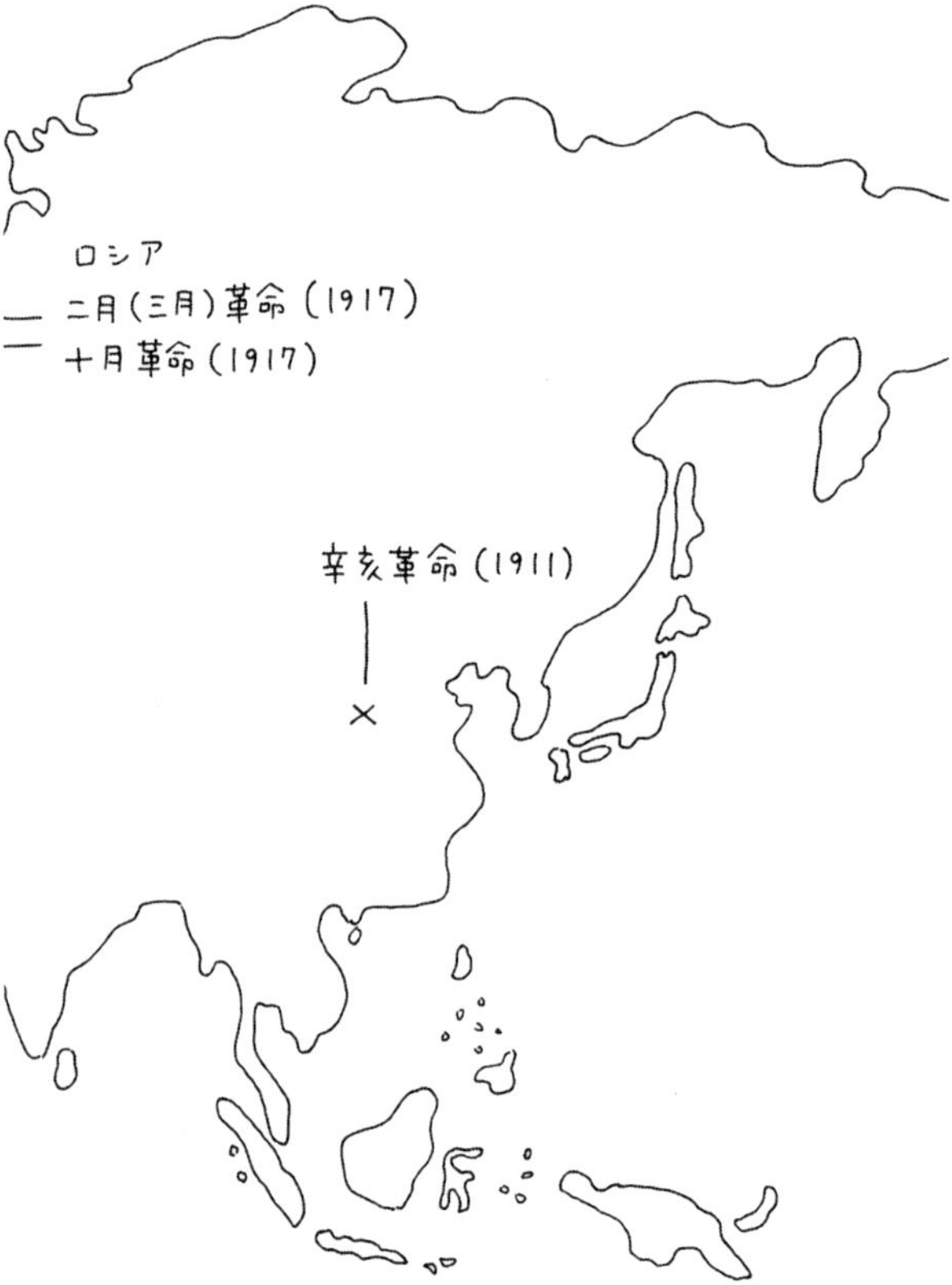
ロシア
二月(三月)革命(1917)
十月革命(1917)
辛亥革命(1911)

フランス革命
(1789)
ポーランドの蜂起(1830)
ドイツ三月革命(1848)
二月革命
(1848)
ハンガリー民族運動(1848)
トルコ革命(1922)
七月革命
(1830)
イタリア反乱
(1831)
ポルトガル
1910年10月5日革命
市民革命の時代

この章では、近代に入り、世界各地に「市民階級」が登場するようになると、それまで絶対的な権力を握っていた君主やそれを取り巻く貴族たちの専制政治に反発し、ついには革命によって君主制が打破されていく様子を学びます。

その発端となったのが有名なフランス革命（一七八九年勃発）でした。この頃までに、フランスでは主に商工業で財をなした市民や小農民たちが国家財政を支える税を最も負担していたのに、政治の中枢はすべて王様や貴族に握られたままでした。革命により王制は倒されますが、フランスではこののち君主制と共和制とが入り乱れる時代が続きます。

しかしこのフランス革命の精神は、やがて市民階級が台頭するようになったドイツ諸国やヨーロッパ全体へと拡《ひろ》がり、二〇世紀前半までには中国の辛亥《しんがい》革命、そしてロシア革命へと大きな影響を与えていくことになります。また、二〇世紀後半にはアジアやアフリカでも君主制が次々と倒され、君主制を採る国は少数派になっていくのです。

絶対王政の真の姿

前の章では、明《みん》や清《しん》の中華帝国、ムガル帝国やオスマン帝国に代表されるアジアの国家で強力な官僚と常備軍に支えられた「皇帝専制」ともいうべき体制が築かれたものの、いずれの帝国もあまりに広大すぎて現実には皇帝ひとりでは治めきれなかったことを解説しました。これらの帝国に比べると、ヨーロッパでは強大国と呼ばれるような国でさえも、領土も人口も比較的コンパクトであり、君主が官僚と常備軍とに支えられて強大な権限を誇示できるようになりました。その代表例がフランス王国でした。

とはいえ、絶対王政（フランス語でmonarchie absolue）の最盛期と呼ばれたルイ一四世（在位：一六四三〜一七一五年）の時代においてさえも、王の権力はそれほど「絶対的」なものではなかったのです。

そもそも「絶対主義（フランス語でabsolutisme）」という言葉自体が、ルイ一四世と同時代ではなく、これから本章で説明するのちのフランス革命の時期に現れた造語でした。革命を先導した人々の目から見れば、フランスの王たちは「法の束縛を免れた」存在と映っていたようですが、現実には王たちは神の法、自然の法、そして王国基本法に縛られていたのです。近年の研究では、絶対君主制時代のフランスは王を頂点とするピラミッド構造というより、それぞれに特権や自由をもつ自立的な地域や人間集団（社団などと表現されます）の寄せ集めにすぎず、モザイクのような形態の国家であったとされています。

特にルイ一四世の時代からは、王権が対処しなければならない領域が飛躍的に拡大し、治安維持、土木工事、医療・衛生、食糧供給、慈善といった、人々の日常生活を保障するこれらの分野をまかなうために、官僚の数も大幅に増えていきます。一六世紀には官職を保有するものは数千人にすぎませんでしたが、ルイ一四世が親政を開始した一六六〇年代には徴税請負人なども合わせるとおよそ八万人にまで膨れ上がっていくのです。

まさに第3章でも見たとおり、清王朝最盛期の雍正帝《ようせいてい》（在位：一七二二〜三五年）以降の時期や、オスマン帝国が守勢期に入った一七世紀以降に代表されるように、官僚機構の拡充とともに君主の権限は末端にまでは貫徹できなくなり、諸地域や諸集団の自由や特権が守られることとなりました。ルイ一四世時代のフランスもこれと同様だったのです。

ブルジョワジーの誕生

とはいえこの時代のフランスにおいては、王は王国の唯一の正統な代表であり、君主の賢慮のみが良き統治につながるという考え方も広く見られました。前章でも紹介した王権神授説にしても、「君主は神から授かった権力を自ら行使しなければならないが、誰もが君主以上に無私無欲ではないので、君主ほどその権力をうまく行使できない」との解釈によって正当化されていきます。王は「すべての臣民の父」と考えられていました。

絶対主義とは、地方貴族や高位聖職者、官職を保有するものたちのさまざまな団体や、都市の支配者たちといった諸地域・諸集団を相互に結びつけるための媒介となっていたのです。しかし、のちに革命の思想家たちが批判したような、法を超越する絶対的な権限を備えた王などという存在は、現実には現れませんでした。それは一八世紀になり、フランスがカリブ海や北アメリカなどに植民地を獲得し、商工業が発展するようになってから経済的にも知性のうえでも力をつけることとなった「有産市民階級（ブルジョワジー）」の登場によって、さらに明確となっていくのです。

暴君放伐論の系譜

このように現実のフランスの君主は「絶対王政」の頂点に君臨していたわけではありませんでしたが、すでに同時代の思想家からも非難を浴びることとなりました。その代表が自らも男爵であったシャルル＝ルイ・ド・モンテスキュー（一六八九～一七五五）でした。彼は『ペルシャ人の手紙』（一七二一年）という著作で一躍有名になりましたが、これはフランスを旅するペルシャ人が友人に宛てた手紙というかたちをとり、当時のフランスの「絶対王政」を痛烈に批判したものでした。

それによると、ヨーロッパの王たちの権力は強大であり、彼らは望むがままの権力を手に入れている。モンテスキューが定義した政体のなかでは、「専制政」が最も忌避されるべきもので、これはひとりの人間がいかなる基本法にも拘束されることなく、自らの恣意によって統治をおこなう政体です。モンテスキューはこうした政体を

「東洋的専制《オリエンタル・デスポティズム》」と名づけ、オスマンやムガル、中華帝国に特有の恐怖に基づく悪しき政体と糾弾しましたが、彼の目から見ればフランスもはやこうした専制政に堕落していました。

しかしこうした専制君主が良心ある家臣たちの助言を聞き入れず、王権を乱用するような場合にはこれに抵抗できる権利があるという、「暴君放伐論」という考え方が実は中世から存在していました。

それはルター等に次いで宗教改革を提唱したジャン・カルヴァン（一五〇九〜一五六四）が、自身の影響下にある信徒ら（フランスではユグノーと呼ばれました）がフランスで迫害を受けていたときに再び提唱しています。カルヴァンの流れをくむものたちも、主権は王ではなく「王国」にあり、最高統治権者である王は貴族や役人ら従属的統治権者と統治権を分かちあい、王国に対する連帯責任を負うと論じました。

それはのちに一八世紀になり、フランス国民の最も卓越した部分である貴族こそが、王が権力を乱用し、祖国が危機に瀕《ひん》する場合には「権利」としてだけではなく、「義務」として抵抗する権利があるという理論にもつながっていきます。

ところがこれとよく似た考え方は、はるか紀元前四世紀の昔からすでに中国にも存在していたのです。第2章でも紹介した孟子《もうし》（紀元前三七二～前二八九）は、斉《さい》の宣王《せんおう》（在位：紀元前三一九～前三〇一年）からの質問に応じた際、君主に直接仕える重臣（卿《きょう》）には二種類あると答えています。まずは同姓の卿、すなわち君主自身の親族ですね。彼らは君主が国家の安否に関わるような重大な過失があればこれをいさめ、繰り返しいさめても聞き入れられない場合には、その君主を廃して、一族のなかの賢者を君主に立てることができます。異姓の卿（君主の一族ではない家臣）は、君主に過失があった場合にはこれをいさめますが、聞き入れられない場合にはその君主のもとを立ち去るのです。

主君押込

こうした考え方は儒学の影響が強かった江戸時代の日本にも見られました。それが近世の大名諸家で生じた「主君押込《しゅくんおしこめ》」という慣習でした。これは主君（殿様）が、行き過ぎた遊興行為など不道徳な生活が続くといった不行跡を見せたり、お家を私物化するような行為を見せたり、あるいは家臣の多くと政治路線をめぐって深刻な対立を見せたりするとき、家臣団のなかでも家老層（基本的には異姓の卿ですが、藩によっては主君の一族が家老を務めることもありました）や一門衆（同姓の卿）を含む重臣層が主君を幽閉し、強制的に隠居＝廃位させる行為のことですね。別名「押込隠居」とも呼ばれました。

みなさんもご存じのとおり、日本の中世（戦国時代）には家臣が主君を討ってそれに取って代わるような「下剋上《げこくじょう》」と呼ばれる行為はよく見られましたが、これが否定され、主君に忠誠を尽くすことが美徳とされるようになったのが、近世＝江戸時代のことです。

しかし先に紹介したフランスと同じような考え、すなわち「主権は王ではなく、王国にある」と同様の、「主君ではなく家（藩）」を守ることが大切という観念が日本でも強まり、ちょうどフランスでルイ一四世が親政を開始した一六六〇年代から八〇年代頃にかけて、幕府の容認も受けながら各藩で「主君押込」が正当化されていきます。お家（藩）とその領民を守るのは、主君だけではなくその従属的統治権者である家老以下の藩士たちとの共同の権利であり、責務でもあるわけですね。

それは江戸時代を代表する儒学者の林羅山《はやしらざん》（一五八三〜一六五七）、山鹿素行《やまがそこう》（一六二二〜一六八五）、室鳩巣《むろきゅうそう》（一六五八〜一七三四）などによっても説かれました。

このように君主が国家（あるいは人々）を危険に陥れたり、人々の生活とはかなりかけ離れた贅沢《ぜいたく》三昧を続けるような場合には、君主の座から追い落としてもよいという考え方は、西アジアや南アジアなどにも広く受け入れられていきました。

最初の市民革命――フランス革命へ

ところが一八世紀の末に、フランスの国家財政を破綻させ、もはや「すべての臣民の父」としての自覚も失った王に対して抵抗を示す主力となったのは、貴族や官僚などの従属的統治権者ではありませんでした。彼らもまた王と同じく、そのような責任を忘れた存在として国民の多くから糾弾され、国王とともに葬り去られていく運命にあったのです。このたびの抵抗の中心は「市民」でした。

たしかに戦乱の中世においては、フランスでも貴族らは軍役の義務を担い、人々を守る存在でした。しかし次第にヨーロッパでは戦略も戦術も大きく変わり、自ら重装備して馬で戦場に駆けつける貴族ではなく、軽装備で銃を操る歩兵、さらに進化を遂げつつあった大砲を操る砲兵らが主力となっていきます。職業軍人を除き、貴族らは軍役から退きます。

さらにフランスの場合には、高位聖職者（カトリック）や貴族らは飲料消費税、塩税、関税などの間接税を支払うことはありましたが、直接税は免除されていました。直接税を支払わされていたのは農民層であり、一六世紀後半には国家税収の六四％を直接税が占めていました。しかも度重なる戦争や公共の福祉の対象となる分野の拡大により、国家歳出は莫大な額にまで膨れ上がっていきます。一六世紀初頭の国家歳出は五〇〇〇万リーヴルであったのが、一七八八年には六億三〇〇〇万リーヴルとなっていました。

しかもこの国家歳出のうち約半分に相当する三億一〇〇〇万リーヴルはその年度に返済すべき負債の額にあたっていました。このような状況にもかかわらず、聖職者や貴族らは相変わらず直接税を免除され、国家税収の四三％を占めていた直接税は農民や商工業階級がすべて負担していたのです。もはや軍役もないのに特権だけは謳《おう》

図21　重税に苦しむ第三身分を描いた風刺画（1789年頃）

歌《か》する貴族たちの姿は、彼ら中産階級や農民層の目からすれば「国家の寄生虫」と映っていたことでしょう（図21）。

ついに国家財政が立ち行かなくなったフランス国王ルイ一六世（在位：一七七四～九二年）は、一七八九年五月にフランスの身分制議会にあたる全国三部会を召集します。これは第一部会（聖職者）、第二部会（貴族）、第三部会（平民）からなり、本来は王が国家的な課題について意見を求めるべき機関でした。ところが王権の伸張とともに次第に形骸化し、一七八九年の前に開かれたのはなんと一六一四～一五年のこと。実に一七四年ぶりに全国三部会は開かれたのです。

王の要求はもちろん聖職者や貴族にも分け隔てなく税を納めさせることでしたが、当然、彼らはこれに猛反対します。しかしそれ以上に怒りが溜まっていたのは商工業階級や農民といった平民たちでした。彼らはこの一七〇年以上ものあいだずっと重税を支払わされてきたにもかかわらず、王から諮問を受けたことなど一度もなかったからです。

ついにのちの世に「フランス革命」（一七八九～九九年）と呼ばれることになる大革命が発生します。

徳を失った王

フランス語で革命は révolution といいますが、これはもともとは天文学の用語で「回転」を意味しました。それがいつしか政治体制の大転換を意味する言葉へと転じていきます。この révolution の訳語として日本であてはめられた「革命」は、中国の歴史的な用語をそのまま援用したものです。天の委任を受けて天下を治める有徳者である天子が徳を失い、天意に反して勝手な行動をとると、天が怒って別の人物に天命を下すことを「革命」といいます。フランス革命もある意味、これと同じ原理で生じたと言えますよね。

実際にルイ一六世は国民の多くから見れば「徳を失った王」でした。一七八九年七月にパリで民衆による革命が生じると、それは瞬く間に全国的な農民による革命へと発展しました。当時のフランスの人口の実に八五％は農民だったのです。彼ら農民や市民（商工業階級）は私利私欲にまみれた貴族など信用しませんでした。やがて彼らは「人間は生まれながらにして自由であり、権利において平等である」とする有名な「人権宣言」を採択し、国王に批准を迫りました。しかし王はのらりくらりとこれをかわし一向に批准しません。

市民や農民たちは、王が自分たちの要求をしっかりのんで、彼らの自由や平等を保障する新たな憲法に基づく「立憲君主制」を受け入れてくれさえすれば、このまま王政を維持することになんら反対はなかったのです。

ところがルイ一六世一家は、一七九一年六月に国外への逃亡を図ります。これは国民にとってみればまさに「王の裏切り」にほかなりませんでした。これ以後、国内では共和主義運動が高揚しますが、他方で王妃マリー・アントワネットの実家であるハプスブルク家のオーストリアなどが革命に介入してきます。

一七九二年九月にフランス革命軍は外国の軍勢を敗退させ、これで自信をつけた国民はついに王政を廃止し、フランスに共和政が誕生します。新たな議会の選挙は二一歳以上の男子による普通選挙でおこなわれ、一二月から始まった裁判の結果、翌九三年一月にルイ一六世は断頭台の露と消えることになりました。それまで国中に掲げられ、貨幣に刻み込まれていた国家の象徴《シンボル》としての国王の横顔は、自由の女神に取って代わられてしまいます。

さらに国王や貴族とともに、これまでフランスを支配してきたキリスト教会（カトリック）の権威も否定され、一七九三年一〇月からは共和政樹立が宣言された日（九二年九月二二日）を起点とする「共和暦（革命暦）」が採用されます。第1章で見ましたが、フランスではもはや王も宗教も貨幣と暦から切り離された存在となってしまったのです。

革命のゆくえ

しかしこの史上最初の「市民革命」というべきフランス革命はこのあと混迷の度合いを深めていきます。古今東西の革命に共通していえることがあります。それは、当初はいがみあっていたさまざまな身分や階級、グループの人々も、「暴君を倒せ！」という共通の課題を達成するため、思想や利害の違いを超えて手を結ぶのですが、「暴君を倒す」という目的が達成されてしまうと、途端に仲間割れが生じてしまうということでした。

フランス革命の場合にも、ルイ一六世の首がはねられたあとは、諸党派同士の殺し合

図22　ナポレオン1世

いに終始してしまい、国内は大混乱に陥ります。その隙をついて最高指導者に躍り出たのが、陸軍軍人出身のナポレオン・ボナパルトでした。彼は対外戦争での相次ぐ勝利に加え、国内に政治・経済・社会的な安定をもたらし、国民の大半から支持を集め、ついにフランス史上初の「皇帝」ナポレオン一世（在位：一八〇四〜一四、一五年）に即位するのです（図22）。君主制を否定した革命の結末が、最終的により強大な独裁的君主制を導いてしまうとは、まさに歴史の皮肉ですね。

そのナポレオンもヨーロッパ諸国との戦争に敗北し、最終的には一八一五年六月に歴史の表舞台から姿を消していきます。ところが、ナポレオン失脚後のフランスに再び王政が導入され、首を切られたルイ一六世の弟たちが相次いで即位しました。しかも彼らは再び絶対王政を築こうとする「徳のない」王たちでした。彼らには、なぜ兄王の首が切り落とされたのかが、結局、わかっていなかったのかもしれません。

一八三〇年に七月革命が発生し、ブルボン王朝は完全に打倒されます。このたびも王政か共和政かの議論は見られましたが、ブルボン家の分家筋にあたるオルレアン家のルイ・フィリップ（在位：一八三〇～四八年）を王に戴《いただ》く、自由主義的な立憲君主制が採用されることになりました。この革命を主導したのが、またしてもパリの有産市民階級《ブルジョワジー》でした。いまや王政は中世的な「神の恩寵《おんちょう》」だけではなく、近代的な「人民の意思」によっても支えられる状況となっていたのです。

しかし、当初は自由主義的な政策を進めていたこの「七月王政」も、一八四〇年代までには保守反動化し、有権者も制限されるようになっていきます。ここでまたもや動いたのがパリの市民階級でした。かつてのルイ一六世と同様に、ルイ・フィリップには市民からの改革の声がもはや聞こえなくなっていました。一八四八年二月にパリで民衆が蜂起し、七月王政は瓦解します。いわゆる「フランス二月革命」です。

国王たちに裏切られてきた市民階級はもはや王を必要としなくなりました。臨時政府は共和政の宣言と男子普通選挙制の制定を決めていきます。

一八四八年革命

他方で、フランスで生じた二月革命は、ヨーロッパ全土へと大きな影響を及ぼしました。ナポレオン戦争（一八〇〇～一五年）終結後のヨーロッパでは、イギリスが基本的に自由主義的な政策を採用し、フランスはこれまで見てきたとおり、自由主義革命と保守反動化が交互におとずれ、最終的には自由主義に落ち着くという状況になっていました。これに対して、プロイセン、オーストリア、ロシアの三大国は、皇帝もしくは国王とそれを取り巻く貴族らが政治を独占し、より下の階級（市民や農民）に選挙権も被選挙権も与えない体制を取っていました。さらに三大国は、自国の主流派とは異なる民族も支配下に収め、当時すでに台頭しつつあった国民主義《ナショナリズム》（民族主義ともいいます）を抑圧していました。

ところが、プロイセンやオーストリアといったドイツ諸国でも、フランス革命時にはいまだ成長していなかった「教養市民階級」が、一八三〇年代頃から急激に自由主義的活動を展開するようになっていったのです。その背景には、ちょうどこの時期からドイツ諸国にも産業革命の波が押し寄せ、商工業階級が飛躍的な発展を遂げたことも挙げられます。

こうしたなかで一八四五年にヨーロッパ全土をジャガイモ飢饉《ききん》が襲い、他の穀物価格の上昇にまで波及していきます。さらには商工業の分野でも一時的な停滞が見られ、四七年までにドイツ各地で飢餓暴動が発生するにいたりました。

こうした不穏な状態は、ついにフランス二月革命の影響を受け、「ドイツ三月革命」へと発展してしまいました。まずはナポレオン戦争後のヨーロッパ国際秩序（世に「ウィーン体制」と呼ばれます）を築いた、オーストリア帝国の首都ウィーンです。それまで政府から抑圧を受けてきた、学生、市民、手工業者、労働者らが州会議事堂前に集まり、ここで政府軍と衝突します。民衆からの圧力に押され、それまで三〇年以上にわたってオーストリアとヨーロッパ国際政治を支配してきたメッテルニヒ侯爵は宰相から退きました。

このような市民階級による革命は、プロイセン王国の首都ベルリン、バイエルン王国の首都ミュンヘン、ザクセン王国の首都ドレスデンなどにも飛び火し、各地で保守反動的な政府が倒壊されました。しかしドイツではその後、反革命派の勢力が巻き返しをおこない、翌四九年頃までには再び保守的な体制が築かれていきます。とはいえ、この「一八四八年革命」は、ドイツの各国政府にきわめて大きな衝撃を与え、市民階級の底力を王侯貴族らに見せつける重要な機会となったことは事実です。

先に見たフランス七月革命時のルイ・フィリップに限らず、ヨーロッパの君主たちにはいまや「人民の意思」は無視できないものとなっていたのです。

国民投票による帝政

フランス二月革命の結果、一八四八年一二月には史上初めての男子普通選挙に基づき、大統領選挙が実施されました。その投票総数（七四五万票）の実に七四％を獲得して当選を果たしたのが、ルイ・ナポレオン・ボナパルトでした。かのナポレオンの甥（弟の子）です。やがて大統領は政治の主導権をめぐり議会と衝突し、三年後の一八五一年一二月に軍部を味方につけてクーデタを成功させ、翌五二年一二月ここにナポレオン三世（在位：一八五二〜七〇年）として、伯父に次ぐ二度目の帝政を開始していくのです。

とはいえ、この第二帝政は国民投票の結果に基づくものであり、投票総数（八一〇万票）の九六・五％が帝政の復活に賛成していました。ナポレオン三世にとっても「人民の意思」はきわめて大切な意味を持っていたわけですね。実際に、彼はクーデタを実行したとき、「自分の目的は民衆の正当な要求を満足させることによって、革命の時代を閉じる」ことにあると宣言していました。ナポレオン三世は民衆を視野に入れた最初の君主でした。

このため、第二共和政から第二帝政への移行では、国家元首が選挙に基づく大統領から世襲の皇帝になった点を除けば、基本的な政治構造そのものは変わりませんでした。

こののち、ナポレオンはパリ万国博覧会（一八五五年・六七年）でフランスの国力を内外に見せつける一方、アフリカや東南アジアに植民地を拡大し、クリミア戦争（一八五三〜五六年）でヨーロッパ国際政治の調整役を務めるなど、まさに「民衆の要求を満足させる」政策を推し進めていきました。しかし、台頭著しいプロイセン（ドイツ）との戦争に敗北し、一八七〇年秋に第二帝政は崩壊します。これ以後、フランスは二度と君主制を採ることはなくなり、二一世紀のこんにちにいたるまで共和政が続いています。

世紀転換期の不穏な空気

他方で、ナポレオン三世を打ち破ったプロイセンはヨーロッパ中央部に新たにドイツ帝国を形成し、プロイセン国王がドイツ皇帝を兼任することとなります（一八七一年一月）。このドイツとオーストリア（正式には一八六七年からはオーストリア＝ハンガリー二重君主国）、さらにロシアは相変わらず専制主義的な政治体制をとり、それぞれの帝国内では自由主義や国民主義が抑圧を受け続けていました。

一八七〇年代からは、ヨーロッパでも社会主義や共産主義の運動が、主には市民階級によって先導された工場労働者階級や農民のあいだにも拡がっていきました。こうしたなかで、民衆を抑圧する支配階級の象徴ともいうべき君主たちが、下層階級出身のテロリストによって標的とされていくのです。それまでの人類の歴史のなかでも、君主が暗殺されるという事件は多々見られましたが、殺害した犯人の大半は政敵である王侯や貴族らであり、一般大衆が君主を殺害するという事例はほとんどありませんでした。

一八八一年にはロシア皇帝アレクサンドル二世（在位：一八五五～八一年）が首都サンクトペテルブルクで、秘密結社に属すポーランド人の青年に爆殺されました。また、一八九八年にはオーストリア皇后で「絶世の美女」としても名を馳《は》せたエリーザベトが、旅先のスイス（レマン湖畔）でイタリア人の無政府主義者によって刺殺されてしまいます。

このほかにも一九世紀末から二〇世紀初頭という世紀転換期に、ヨーロッパ各国の君主たちは数え切れないほどの「暗殺未遂事件」に遭遇しました。ロシア皇帝とオーストリア皇后の暗殺は両国の体制変革には影響を及ぼしませんでしたが、二〇世紀になると君主の殺害がそのままその国の君主制の崩壊につながる事例も見られていきます。

一九〇八年にポルトガル王国の首都リスボンで、国王と皇太子が過激派の共和主義者の青年らによって暗殺されてしまいました。難を逃れた次男の王子が王位を継承しますが、もはやポルトガルには王政がとどまれる余地がなくなっていました。それからわずか二年後の一九一〇年に、共和派の軍人を中心とする革命によって王政は倒され、ポルトガルは共和国となり、現在までそれが続いています。

アジアに拡がる革命の嵐

ポルトガルが共和政へと転じた翌一九一一年、ついに「革命の嵐」はユーラシア大陸の反対側に位置する清王朝下の中華帝国にも及ぶこととなりました。

第3章でも見ましたが、雍正帝時代の清国は各省に派遣されている総督や巡撫《じゅんぶ》を皇帝が北京から緊密に統御することで、それまでの皇帝政治を維持することができていました。ところが一八世紀という一〇〇年のあいだに清国では人口が四倍にも膨れ上がり(一億人から四億人へ)、一九世紀に入ると秘密結社や宗教団体などが武装して各地で反乱を起こすようになっていたのです。一九世紀半ばにはアヘン戦争(一八四〇～四二年)、アロー号戦争(一八五六～六〇年)などで、いまや軍事力で逆転されていたヨーロッパ列強とも対峙《たいじ》し、地方の統治は総督・巡撫の権限を重視する「督撫重権《とくぶじゅうけん》」に託されていきます。

これと同時期に、清王朝は太平天国の乱(一八五〇～六四年)にも直面し、軍事面でも財政面でも、中央政府は地方への民間委託に頼らざるを得なくなります。曾国藩《そうこくはん》の湘《しょう》軍《ぐん》や李鴻章《りこうしょう》の淮軍《わいぐん》などがその代表例ですね。一方で中央では幼い皇帝(同治帝《どうちてい》)が即位し、その生母である西太后《せいたいこう》が幼帝のうしろに簾《すだれ》を垂らして控え、そこから実質的な政治指導をおこなう「垂簾聴政《すいれんちょうせい》」がおこなわれていきました。

一八六〇年代以降の清国の政治は、督撫重権と垂簾聴政の組み合わせによって、西洋の科学や制度を積極的に採り入れる「洋務」と呼ばれる政策が進められました。しかし同じ時代の日本が明治新政府となって、官民一体で「富国強兵」や「文明開化」を進められたのとは対照的に、清国では民間社会と政府権力が乖離《かいり》しており、大資本や法整備が不可欠となる近代的な企業を育成することが難しかったのです。このような差から生まれたのが、日清戦争（一八九四〜九五年）における日本の勝利と清国の敗北でありました。これによって垂簾聴政も督撫重権も大きく動揺していきます。

それどころか日清戦争での敗北で、ヨーロッパ列強もまた清国を舞台に利権獲得競争に乗り出していくのです。それは借款（国家間で長期間にわたって資金を融資すること）の供与や鉄道・鉱山の利権と租借地（条約により他国に一定期間貸し与える土地）の奪取、さらに勢力圏の画定へとつながりました。列強が清国をまるで瓜《うり》を分けるように分割していくということで「瓜分《かぶん》」とも呼ばれました。このような分割は日露戦争（一九〇四

〜〇五年）後にさらに激しさを増していきました。これ以降、中国内部でも、ヨーロッパ列強や日本のような国民国家をめざす思想・動向が活発となっていきます。

辛亥革命

やがて一九〇八年に皇帝（光緒帝《こうしょてい》）と西太后が相次いで亡くなり、まだ二歳という幼帝（宣統帝）が即位するや、もはや清王朝は求心力を失っていきます。こうしたなかで南部の湖北省にある武昌《ぶしょう》で一九一一年一〇月には、清王朝の打倒・国民国家の実現をめざす革命派が蜂起を展開し、南部を中心とする一三省に瞬く間にこの動きは拡がり、これら一三省は清国からの「独立」を宣言します。翌一九一二年二月に宣統帝は退位し、ここに三〇〇年近くにわたって中華帝国を支配してきた清王朝は終焉《しゅうえん》を迎えることになるのです。

先にも記しましたが、中国では古来から天子（皇帝）が徳を失い天意に反して勝手な行動をとると、天が怒って別の人物に天命を下す「革命」が正当化されてきました。しかしそれは徳を備えた別の姓を持つ人物の一族に天子（皇帝）の位が移る「易姓革命」

を通常のかたちとしていました。ところが一九一一〜一二年の革命では、西洋的な共和制に転換したのです。しかし、これではうまくいかないとみた清朝末期の指導者のひとり袁世凱《えんせいがい》（一八五九〜一九一六）が一時的に「中華帝国皇帝」を名乗ってみたものの、彼の正統性はすぐに否定され、皇帝のいない「中華民国」の成立で落ち着きます。

中国はこの当時、世界最大の面積を有する共和国として生まれ変わったのです。武昌で蜂起が生じた一九一一年は、中国の干支《かんし》（十干と十二支の組み合わせ）では辛亥（かのとい）の年にあたっていたため「辛亥革命」と呼ばれています。

ロシア・インテリゲンツィアの登場

そして辛亥革命から五年後の一九一七年、今度は北の大国ロシア帝国で革命の嵐が吹き荒れるのです。

これより七〇年ほど前の一八四八年、先にも紹介しましたが、ヨーロッパ全体が革命に包まれました。ところがこのあおりをそれほど受けなかった国が二つだけあったのです。ひとつは西の大国イギリスでした。こちらについては次章で詳しく説明しますが、君主や貴族らがより下の階級に柔軟に対応し、種々の政治改革によって中産階級や労働者階級にそれほどの不満が溜まっていなかったことが要因にあります。

そしてもうひとつが東の大国ロシアでした。こちらはイギリスとは逆の理由によって、革命や反乱が生じませんでした。すなわち一八四八年当時のロシアには、「市民階級」と呼べる存在がほとんどいなかったのです。国民の大半は貧しい農奴たちで、彼らは地主貴族によって文字通り奴隷のようにこき使われていました。この農奴が解放されるのが一八六一年のことでしたが、新たに小作農となった彼らの多くが土地や財産も持たず、相変わらず貧しい生活を強いられていきます。また、四八年には諸国での革命の影響を受けて、ロシア領のポーランドで独立反乱が生じますが、ヨーロッパ最強のロシア軍によってあっけなく鎮圧されてしまうのです。当時はいまだ皇帝専制主義《ツァーリズム》が強大な時代でした。

それが一九世紀後半になってロシアにも変化がおとずれます。ロシアはその豊富な資源をもとに工業化を進めていきます。石炭や鉄鉱石が拡張著しい鉄道によって運ばれ、石油生産でも成功を収めていきます。ロシアは一九一四年までには、世界第五位の工業大国に成長を遂げていくのです。

さらに同時期にロシアは世界最大の穀物輸出国にもなりました。それまで奴隷扱いされてきた人々の多くが工場か農園で働く労働者へと転身し、一九一八年の調査では、工場労働者の三分の二、農村男性の五分の二が読み書き能力を備えるようになっていました。こうした彼らを先導し、「専制君主制こそがロシアの災いである」と呼びかけたのが、法律家や医師などの専門職、教員や学生といった「知識人階級《インテリゲンツィア》」と呼ばれる人々でした。

市民革命から社会主義革命へ――ロシア革命

日露戦争で陸海戦ともに大きな打撃を受けたロシアでは、こうしたインテリゲンツィアや改革志向をもつ貴族や企業家などエリート層からの圧力を受け、ついに皇帝ニコライ二世（在位：一八九四～一九一七年）が一九〇五年一〇月に「市民的自由と議会開設の詔書」を発することになります。これにより翌〇六年から議会（ドゥーマ）が開設されますが、皇帝は立憲的改革には消極的でした。皇帝は地続きでは世界最大の帝国とそれを構成する一億二〇〇〇万人の臣民を統御できるのは専制体制しかないと考えていたのです。

議会はたびたび皇帝によって停止され人々の不満は高まっていきます。それは工場労働者による政治的要求を掲げたストライキにまで発展しました。一九一四年の前半だけでも三〇〇〇件以上のストライキが発生し、労働者らは民主共和国の樹立、地主貴族の打倒などを訴えましたが、皇帝はむしろ地主階層にすり寄る姿勢を示しました。

こうしたなかで一九一四年夏に第一次世界大戦が勃発します。それまでは皇帝や貴族らに反旗を翻していた労働者や農民らの目は、敵国であるドイツやオーストリアにそらされていきます。ところがこの大戦の帰趨《きすう》が思わぬ結果をもたらしました。ヨーロッパ最強を誇っていたロシア陸軍は、兵器や戦略の改良も怠っており、ドイツとの戦闘に連戦連敗を喫してしまうのです。一九一五年半ばにはロシア軍は総崩れとなり、「大退却」が開始されます。ニコライ二世はこれを機に最高総司令官に就きますが、大臣らは敗北の責任が君主に直接降りかかることを恐れ、思いとどまるよう皇帝に進言します。しかし皇帝専制主義《ツァーリズム》に凝り固まったニコライは聞く耳を持ちませんでした。

首都ペトログラード（ドイツとの戦争開始とともにドイツ語読みだったサンクトペテルブルクはロシア語読みに改編されました）では深刻な食糧危機が生じるようになりました。世界最大の穀物輸出国だったにもかかわらず、その豊富な食糧は皮肉なことに国民のもとには届いていなかったのです。一九一七年二月、ついに首都では工場で働く女性たちが、「パン」を求めてデモに立ち上がりました。しかし最高総司令官に着任以来、ペトログラードからはるか西方（現在のベラルーシ）にある大本営に閉じこもったままの皇帝は、首都の現状を把握できていませんでした。

ここに敗戦に次ぐ敗戦で疲れ切っていた兵士たちの反乱を契機に、ついに「革命」が勃発します。革命派は当初、ニコライ二世が退位し、皇太子のアレクセイが即位して「立憲君主制」を形成してくれればそれでよいと考えていました。ところが状況がまったくわかっていないニコライは、帝位を弟のミハイル大公に譲ると宣言し、革命派はこれを「皇帝専制主義を維持する方針」と受け止めたのでした。一九一七年三月、ここに帝政は終止符を打ち、臨時政府が樹立されます。

こののちロシアでは一〇月革命により、ウラジーミル・レーニン（一八七〇〜一九二四）率いる社会主義政権が新たに作られ、五年後の一九二二年からはソヴィエト社会主義共和国連邦（ソ連）へと変貌を遂げていくことになるのです。

臨時政府、さらには社会主義政権により囚《とら》われの身となったニコライ二世一家は、一九一八年七月に全員銃殺刑によりこの世を去りました。三〇〇年にわたってこの広大な帝国を治めてきたロマノフ王朝もここに完全に消滅してしまうのです。

ヴァイマル共和国の成立

帝国と王朝の崩壊という悲劇は、ロシアの敵国であるドイツやオーストリアにも襲いかかってきました。

一九一七年のロシア革命によりドイツにとって東部戦線にかなりの余裕ができました。そして翌一八年三月に旧ロシアの社会主義政権と講和を結ぶや、ドイツ軍による西部戦線での大攻勢が始まるのです。七月頃まで連続的におこなわれた攻勢で、一時はドイツ軍がパリに迫る勢いを見せました。ところが、ロシア革命と相前後して、イギリス・フランス側について大戦に加わったアメリカ合衆国が、一〇〇万人を超える大軍を投入し、豊富な武器弾薬、食糧などを携えて西部戦線に次々と押し寄せてきました。

一九一八年夏までには陸海軍ともにドイツの勝利は難しいと判断していましたが、皇帝のヴィルヘルム二世（在位：一八八八～一九一八年）は頑《かたく》なでした。皇帝は首都ベルリンを離れ、スパー（ベルギー）にある大本営に引きこもってしまいます。先に見たロシアのニコライ二世とまったく同じですね。

ドイツでもやはり深刻な食糧危機が起こり、国民も兵隊たちも戦争にはうんざりでした。ついに水兵らが起こした反乱をきっかけに、休戦を受け入れる態勢が整います。一九一八年一一月一一日、パリ郊外で休戦条約が結ばれ、ドイツは降伏しました。その戦死者は一八〇万人、負傷者は四二五万人に及びました。

皇帝自身は、降伏の前日にオランダに亡命し、一九四一年に八二歳で没するまでここにとどまることとなります。故国に戻れる日はついにきませんでした。

第一次世界大戦後のドイツでは、中部のヴァイマルで憲法制定国民議会が開かれます。この議会を構成する議員の選挙は、ドイツ史上初の男女普通選挙（二〇歳以上）によって実施されました。この国民議会で一九一九年八月に憲法が制定され、土地の名から取って「ヴァイマル共和国」がここにドイツに成立するのです。

第一次世界大戦と帝国の崩壊

すでにドイツが降伏する前に休戦に応じていたオーストリアでもハプスブルク家の皇帝が退位し、スイスへと亡命していきます。多民族から構成されていたハプスブルク帝国は、ハンガリー、チェコスロヴァキア、クロアチアなど多くの民族国家に分かれ、その中核的な位置にあったはずのオーストリアはかつての四分の一以下の面積となってしまいます。

さらに大戦開始からしばらくして、ドイツやオーストリアの側についてこれに参戦したオスマン帝国でも、一九一八年一〇月に英仏などに降伏した後、反専制運動の闘士であるムスタファ・ケマル（一八八一〜一九三八）による「国民闘争」が始まり、この間に始まったギリシャとの戦争にも勝利を収めたケマルと国民軍は、最終的に大国民議会においてオスマン帝国を葬り去ることになりました（一九二二年）。翌二三年にはトルコ共和国が成立し、ケマルがその初代大統領に収まったのです。

このように第一次世界大戦（一九一四～一八年）のさなかと終戦の直後に、それまでの五〇〇年にわたってヨーロッパに君臨してきたハプスブルク帝国をはじめ、オスマン帝国、ロシア帝国、そしてドイツ帝国という四つの帝国が相次いで姿を消してしまったのです。これら帝国が崩壊した後は、その大半がそれぞれの民族（言語・歴史・文化）に基づく、共和政を採る国民国家へと分かれていきました。

総力戦の時代と皇帝たちのたそがれ

これまでも本書で解説してきましたように、「戦争」という現象だけで考えれば、中世からナポレオンの時代までヨーロッパには絶えず戦争が生じ、その敗戦を理由として君主制が廃止されるようなことはほとんど見られませんでしたね。それでは第一次世界大戦後になると、ヨーロッパに新たに登場してきた大半の国々が「共和制」を採り、皇帝や王を次々と放逐《ほうちく》していった理由とはいったいなんだったのでしょうか。

それはこの世界大戦が、歴史上初めての本格的な「総力戦（英語では total war といいます）」となったことに原因があります。

一九世紀までのヨーロッパでの戦争は、極端な言い方をすれば、実際に戦闘に関わっていた人々は、将校や下士官、兵士といった職業軍人や一部の義勇兵らにすぎず、各国でも人口に占める割合は数パーセントしかなかったといえます。ところが、ナポレオン戦争から第一次世界大戦にいたるおよそ一〇〇年のあいだに、殺人兵器が有する殺傷能力は飛躍的に高まってしまいます。機関銃や高射砲の攻撃を浴びて、大戦当初に職業軍人たちは次々と命を落としていきました。もはや軍人だけでは勝てない戦争となってしまったのです。

イギリスでは一九一六年に初めて徴兵制を導入し、一八歳から四一歳までの五体満足な成年男子は、すべて戦場に駆り出されました。そして彼らが工場などで働いていた穴を埋めたのが、勤労動員された女性たちだったのです。

国民の責務と権利

それまでは戦争が始まると、いの一番に戦場に駆けつけて国を守る役割を果たしたのは、各国の貴族や上流階級でした。彼らは「高貴なるものの責務（フランス語でNobless oblige)」を果たすべく、この大戦でも開戦して早々に戦場に駆けつけ、機関銃や高射砲の餌食となってしまいました。一九一四年のわずか四カ月（八～一二月）のあいだだけで、イギリスの成年男子貴族とその子弟の実に一九％が戦場で命を落としたとされています。国を守るのは貴族だけでは足りなくなってしまいました。老若男女を問わず、国を守るのは「国民全体の責務（National oblige）」となっていったのです。

国を守るという最大の責務を果たしたのですから、国民として最大の権利を与えられてしかるべきでしょう。大戦後には、勝った側でも負けた側でも、それまで貴族や上流階級に限られていた選挙権や被選挙権が、「男女普通選挙権」という現在の私たちになじみのある選挙制度へと大きく変わっていくのです。

さらにこのたびの大戦は、ヨーロッパ全土で一〇〇〇万人以上もの戦死者を生み出し、負傷者も二〇〇〇万人以上にのぼりました。国民にこれだけの犠牲を強いた戦争に負けた場合には、その最高司令官らに責任を取らせるのも筋でしょう。ドイツやハプスブルク、オスマンはもちろん、大戦途上ではありましたが敗戦色が濃厚となっていたロシアでも、彼ら皇帝たちはすべて敗戦の責任を取らされ、王朝ともども姿を消していったのです。

彼らはまた二〇世紀の現代にも君臨した「絶対君主」ともいうべき存在でしたが、こうしてヨーロッパから絶対君主制が完全に消滅してしまったのです。

このように一八世紀後半から経済的にも文化的にも力をつけ始めた市民たちは、王侯や貴族の特権に真っ向から挑戦を開始するようになりました。それはフランスから始まり、ドイツ諸国やイタリア諸国、そしてロシアといった具合に、地域ごとで時間差が見られる現象ではありましたが、二〇世紀の前半までにはヨーロッパ全体に拡がっていきます。

もはや経済や社会や文化だけではなく、政治や外交といった分野においても、王やそれを取り巻く貴族がこれを独占するような時代ではなくなっていたのです。それにもかかわらず、あくまでも王侯や貴族だけで政治的な支配を進めようとした国々では、王様たちは「暴君」として追放される運命にありました。

それでは第一次世界大戦後にも存続した君主制とはどのようなものだったのでしょうか。次の最終章で二一世紀にも残る現在の君主制について解説していきましょう。

第5章

二一世紀の君主制

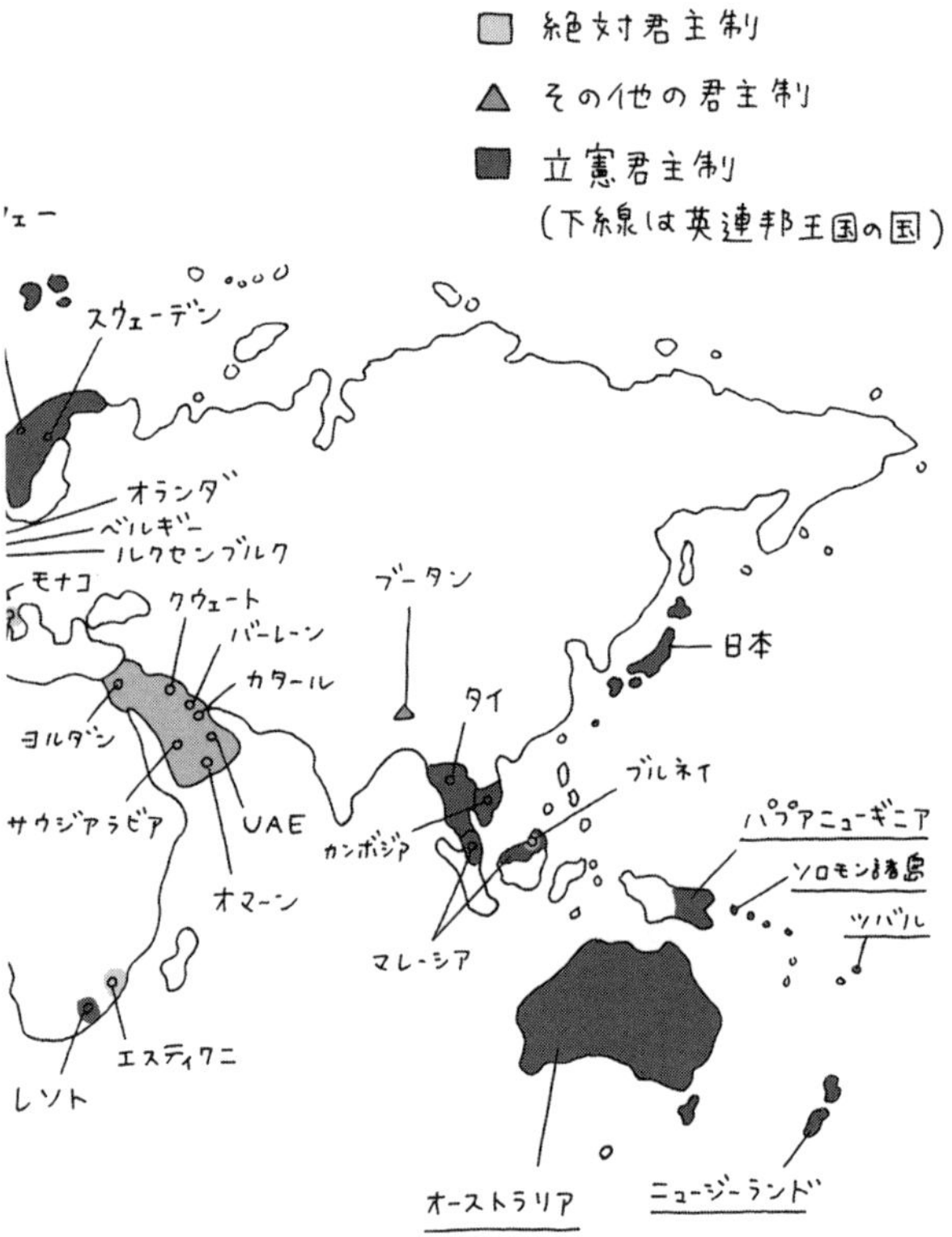
絶対君主制
その他の君主制
立憲君主制
(下線は英連邦王国の国)
スウェーデン
オランダ
ベルギー
ルクセンブルク
モナコ
クウェート
バーレーン
カタール
ヨルダン
サウジアラビア
UAE
オマーン
エスティクニ
レソト
ブータン
タイ
カンボジア
マレーシア
ブルネイ
日本
パプアニューギニア
ソロモン諸島
ツバル
オーストラリア
ニュージーランド

※ 2024年1月時点

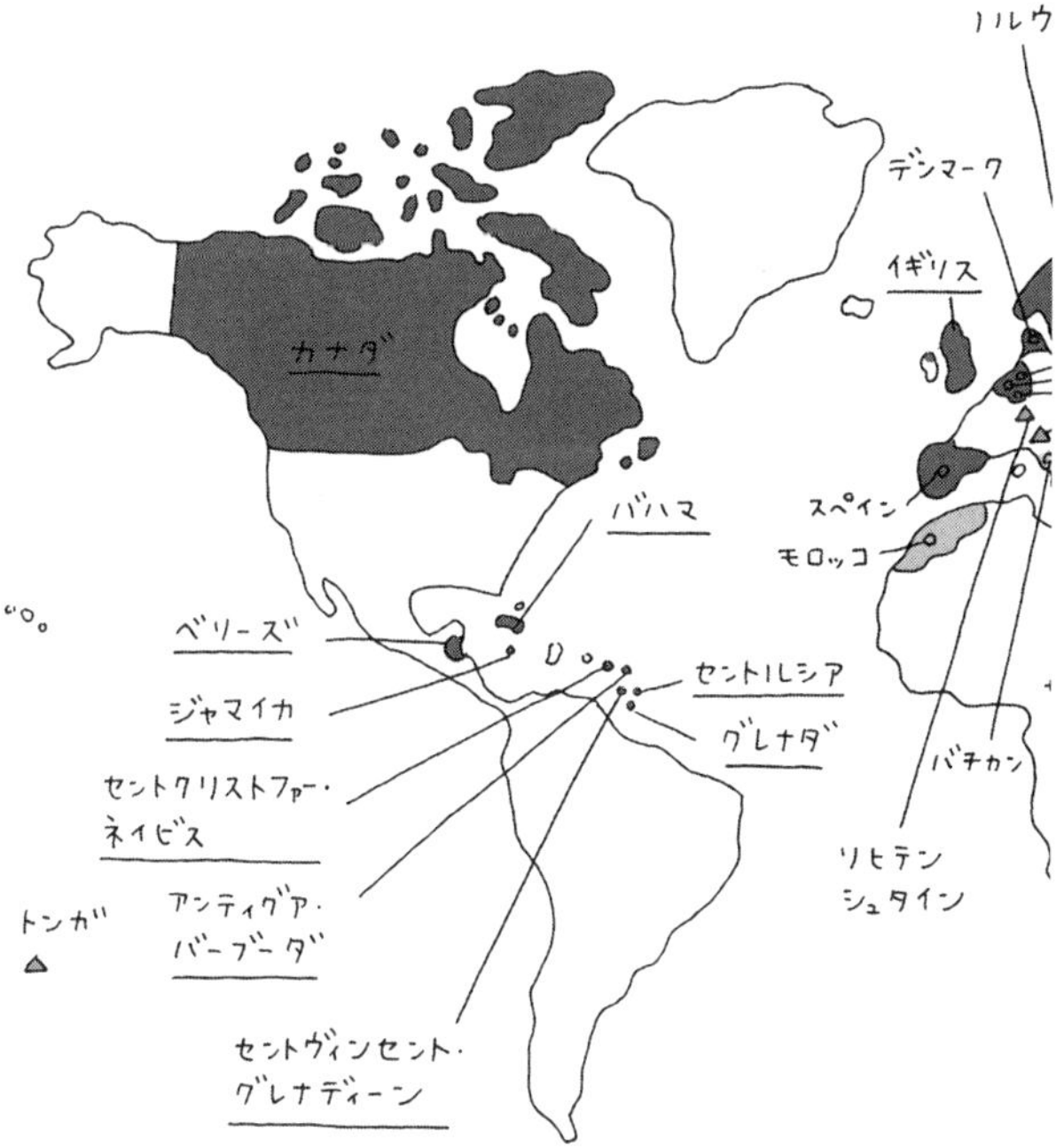
ノルウ
デンマーク
イギリス
カナダ
バハマ
スペイン
モロッコ
ベリーズ
ジャマイカ
セントルシア
グレナダ
セントクリストファー・
ネイビス
アンティグア・
バーブーダ
トンガ
バチカン
リヒテン
シュタイン
セントヴィンセント・
グレナディーン

21世紀の君主国

この章では、現代の世界の君主制の状況について解説していきます。現在の世界には、二〇〇に近い国がありますが、そのうち君主制を採る国は二八カ国にまで減少してしまいました。それでは近い将来、君主制は地球上から姿を消す運命にあるのでしょうか？

二〇世紀はそれまでの貴族政治から大衆民主政治へと移り変わった時代でした。これに柔軟に対応したのがイギリスでした。イギリスは中世以来ヨーロッパ大陸の国々とは一線を画し、王様が議会と相談しながら政治を進める「立憲君主制」を採ってきました。また歴代の王様たちが貴族たちと改革を推し進め、民衆からも支持を集めたのです。

このようなイギリスの姿を見習いながら、王様と国民が団結したのが北欧やベネルクスの君主国でした。これらの国々では、イギリス以上に王様と国民の関係が緊密となります。そして、民主主義や人権問題、地球環境問題、多文化共生、ＬＧＢＴ問題といった現代の課題にともに取り組んでいるのです。

過酷な戦後賠償

第4章の最後では、それまで戦争では国民の数パーセントしか戦闘に関わっていなかった状態が、老若男女にかかわらず国家総動員でこれに関わる「総力戦」へと転じたことで、敗戦国の皇帝や国王たちは責任を取らされて姿を消し、解体された帝国のあとには共和制に基づく国民国家がヨーロッパに多数出現したことをお話しいたしました。しかし総力戦はまた、勝った側の国民が、負けた相手国に対する情け容赦のない戦後処理政策を自国政府に迫るような情況を、新たに生み出していくのです。

一九世紀までの戦争では、戦死や戦場での負傷などほとんどの国民には縁がなかったのですが、第一次世界大戦では多くの国民が父や夫、兄弟や息子を戦場で失うことになりました。敵国に対する恨みは激しく、また戦後の賠償金要求もエスカレートしていきました。ドイツなどは、とても支払いきれない額の賠償金を一〇〇年かけて払うよう戦勝国側から要求されます。特にイギリスとフランスがこれに強硬でしたが、それには理由がありました。両国も当初はドイツに対してそれほど過酷な要求をしたくなかったのですが、戦時中にアメリカに負っていた莫大な債務を支払わなければならなかったのです。

このためアメリカがドイツの企業に貸付や投資をおこない、これで戦後の荒廃から復興しつつあったドイツは英仏両国に少しずつ賠償金を支払い、英仏の産業界もそれを元手に復興し、アメリカに戦時債務を返還するという流れができていきます。ところが一九二九年には、戦後に世界最大の経済大国となっていたアメリカで株式の大暴落が生じてしまいます。それはアメリカ国内の銀行や企業の倒産、失業率二五％という未曽有の不況に発展したばかりか、そのまま世界恐慌へとつながることとなりました。

アメリカではニューディール政策により政府が市場経済や国民生活に深く介入することで難を乗り越えることとなります。イギリスは自治領（イギリス君主を国家元首にいただくものの、独自の政府や議会などを持つことを許された国々：カナダやオーストラリアなど）と経済協定を結び、お互いの商品が行き来しやすくなるよう、アメリカや日本などの他国製品に対しては高関税をかけていく政策を推進します。

しかし、ドイツは大戦後に植民地をすべて没収され、経済復興もこれからという矢先に世界恐慌に直面してしまったのです。戦後のヴァイマル共和国ではいくつもの政党が乱立し、長期的に改革を進められる政府を樹立しにくい状態が続いていました。そのような折に登場してきたのがアドルフ・ヒトラーでした。彼はマルクス主義とユダヤ人こそがドイツの経済不況の根幹にあると国民に訴え、総選挙で勝利を収めて首相に就任しただけでなく、その後は大統領をも兼任し、ナチス一党独裁体制を築いてしまうのです。

二度目の世界大戦と君主制のゆくえ

第一次大戦の戦勝国であったにもかかわらず、植民地が少なかったイタリアや日本でも同様の全体主義（個人の権利や利益より国家全体の利害を優先する考え方）が確立され、やがてこれら三国は周辺の国々へと侵略を開始していくことになります。それは一九三九年九月にドイツ軍がポーランドに侵攻したのを契機に始まる、第二次世界大戦（一九三九〜四五年）へと発展していきました。

第一次大戦がヨーロッパを主戦場としていたのに対し、第二次大戦はヨーロッパはもとより、北アフリカ、アジア、太平洋にまで激戦地が拡大しました。日本では太平洋戦争という表現のほうがなじみが深いかもしれませんね。

最終的に六年にわたった世界大戦は、イギリス、アメリカ、ソ連などからなる連合国側が勝利を収め、ドイツ、イタリア、日本の枢軸国側は敗北しました。

このたびの大戦も総力戦となり、イタリアでは国王の敗戦の責任を問う国民投票が実施されます（一九四六年六月）。投票の結果は、王制廃止に賛成が五四％、反対が四六％で、ここにイタリアは共和制に移行することとなりました。さらに大戦まで王制を採っていたルーマニアとブルガリアは、ナチスに蹂躙《じゅうりん》された国土をソ連の赤軍に解放されたこととも関連し、戦後には共産主義政権が樹立されてしまい、王様たちは国外に追放されました。

こうして第一次世界大戦が勃発したときまでは、共和制の国家などフランス、スイス、ポルトガルの三国程度にすぎなかったヨーロッパの国々は、ほとんどが共和制を採用するように一変してしまったのです。

君主制を維持した日本

ところが二度の世界大戦を経て、君主制から共和制へと体制変換を遂げなかった敗戦国がひとつだけありました。それがこの日本だったのです。

みなさんもご存じのとおり、日本には古代から天皇をいただく君主制が続いてきましたが、一二世紀末（鎌倉時代）からは征夷《せいい》大将軍など君主とは異なる武士が政治の実権を握りました。このような体制は徳川幕府が崩壊した一八六八年まで基本的に継続しますが、新たに登場した明治政府は天皇を国家元首とするヨーロッパ流の立憲君主制の確立をめざしました。すなわち、君主は「君臨すれども統治せず」を基本とし、実際の政治や立法は政府（内閣）や議会に任せる君主制のことです。

しかし、一九三〇年代にはいると、政党政治の混乱と軍部の台頭によって、日本はそれまでの英米との協調路線から日独伊三国軍事同盟の形成（一九四〇年）へと大きく転換します。そして最終的に第二次世界大戦で敗北を喫したのです。

このときイタリアと同じように天皇に敗北の責任を問う声もあがりました。ところが、アジア太平洋での戦争で日本に勝利を収めた際にその主力を担ったアメリカやイギリスは、日本が君主制から共和制へと移行することには否定的でした。

一九四五年七月にベルリン郊外のポツダムで開かれた連合国の首脳会談では、イギリス外相のアーネスト・ベヴィンが次のような発言をしています。「先の世界大戦［第一次大戦」後に、ドイツ皇帝《カイザー》の体制を崩壊させなかったほうがわれわれにとってはよかったと思う。ドイツ人を立憲君主制の方向に指導したほうがずっとよかったのだ。彼らから象徴《シンボル》を奪い取ってしまったがために、ヒトラーのような男をのさばらせる心理的門戸を開いてしまったのであるから」。

このベヴィンの見解は、戦後の日本の占領政策を主導したダグラス・マッカーサー元帥をはじめ、連合国最高司令官総司令部（GHQ）で日本国憲法の原案を作成していた担当者たちにも共有されていたのです。彼らは大戦後にも日本に天皇制を残すとすれば、それは「民主的な天皇制」にしなければならないと考えていました。戦前の大日本帝国憲法では、陸海軍を指揮監督する最高の権限である統帥権などが天皇には保障されていましたが、これを理由にやがて軍部が台頭するようになってしまったからです。

GHQの高官たちが考え出した「民主的な天皇制」という原案では、天皇はいっさいの重要事項については「内閣の助言にもとづいてのみ」これをおこなうという文言が憲法に組み込まれることになりました。そして戦後の新しい天皇の姿をあらわす表現として用いられたのが「象徴」という言葉だったのです。

象徴天皇制のはじまり

ＧＨＱで「天皇」に関する新憲法の条項の原案作りを担当していた人々が、この「象徴」という言葉を思いついたのは、一九世紀のイギリスのジャーナリストで評論家のウォルター・バジョット（一八二六〜一八七七）の代表作『イギリス憲政論』（一八六七年）のなかにある「[君主は]人々にとって目に見える統合の象徴となることができる」という一節からだったとされています。

図 23　即位初期の昭和天皇（1928年）

この「象徴」という言葉を考えついた人物は「日本の皇室が生き残るためには、イギリスのような皇室にすることが不可欠」と確信していたようです。そしてマッカーサー以下の高官たちもこの考えに同意しました。

さらにＧＨＱによって作成された原案を受けて、当時の首相から「象徴」という言葉を聞かされた昭和天皇（在位：一九二六〜八九年）自身もこれに賛同し、「イギリス式に「国家の象徴」となり、政治を民に委ねてもよいと思う」と述べたとされています（図23）。この天皇による発言の背景には、彼自身が若い頃に訪れたイギリスで大きな影響を受けた、ときのイギリス国王からの薫陶もあったのではないかと考えられます。詳しくはあとで述べます。

こうして一九四七（昭和二二）年にできあがった日本国憲法の第一条には、「天皇は、日本国の象徴であり日本国民統合の象徴」という言葉が盛り込まれ、内閣の助言と承認に基づく（第三条）「国事行為」も第六〜七条に規定されました。それは、内閣総理大臣や最高裁判所長官の任命、国会の召集、衆議院の解散、国務大臣の任免、外国の大使・公使の接受《せつじゅ》、といったまさに国家の中枢に関わるものなのです。

現在でも、新しい国会が召集されるときには、天皇が参議院での国会開会式に臨席し、開会を宣言する「おことば」を述べておられますよね。

たしかに、日本国憲法では国を代表する「国家元首」が明確には定められていません。しかし、諸外国から事実上の国家元首と認められているのは、戦後においても天皇なのです。外国から元首が国賓として来日された場合には、天皇（皇室）から接遇を受けます。また、日本を代表して国賓として外国を訪問できるのは天皇であり、内閣総理大臣は公賓という国賓よりひとつ下の扱いになっています。

こうした点からも、現在の日本国憲法下においては、日本は議会制に基づく立憲君主制（英語ではparliamentary Constitutional Monarchyといいます）を採用していると定義づけられますし、実際にアメリカ合衆国をはじめとする諸外国は、日本の国家形態をそのように定義づけているのです。

この新しい憲法とともに、戦後の象徴天皇は新たな役割を果たすことになったのです。特に即位当初から象徴天皇となった明仁《あきひと》天皇（在位：一九八九〜二〇一九年）は、父である昭和天皇と同様に国事行為を遂行する一方で、平成の時代に多発した大災害の被災者を慰問に訪れて励まし、また太平洋戦争での犠牲者への慰霊の旅を国内外を問わず積極的におこないました。さらに世界中の人々との国際親善にも励まれ、皇太子時代も含めると、四二回の公式訪問によりのべで一一三もの国々を訪れているのです。

その明仁天皇も自身の健康問題などもあり、二〇一九年には退位され、現在の徳仁《なるひと》天皇（在位：二〇一九年〜　）があとを継がれました。明仁天皇が進められた「国民に寄り添う天皇」というありかたは、徳仁天皇にもしっかり受け継がれています。

民主主義と君主制

さて、みなさんのなかには、人間は生まれながらにして平等という考え方に基づく民主主義と、父から子、孫へと世襲で王位が引き継がれる君主制とは両立できないのではないかと思われているかたもいることでしょう。

事実、二〇世紀の二度の世界大戦を経て、世界中に男女普通選挙権などが拡《ひろ》がり、民主主義が一般的になるなかで、世界の大半の国々が、君主制ではなく、国民によって直接的あるいは間接的に（議会などによって）選ばれる大統領を国家元首とする、共和制を採用するようになりました。

しかし共和制を採るからといってすべての国が民主主義を大切にしているわけではないのです。先にも紹介した一九三〇～四〇年代のドイツは「共和国」でした。確かにナチの一党独裁が確立した後に「第三帝国」と呼ばれることもありましたが、ヒトラーは皇帝にも国王にもなっていません。また、同じく一九二〇～五〇年代にかけて、ヒトラー以上の独裁体制を築いたとされるスターリンが支配した国は、ソヴィエト社会主義共和国連邦という「共和国」の集まりであったはずです。

一般的に、君主制か共和制かというわけかたは「国家形態」、民主主義的か独裁主義的（近年では権威主義的という言葉も使います）かというわけかたは「統治形態」と呼んでいます。このふたつは違う区分にあたるのです。実際に、これから紹介するイギリスや北欧、ベネルクスの国々はすべて民主主義を基本とする君主制の国家ですよね。第二次世界大戦後に、日本に「民主的な天皇制」を築こうとしたGHQの高官らは、まさにイギリスに代表される立憲君主制を採る国々をモデルに考えていたわけですね。

なぜイギリスで君主制が続くのか？

その立憲君主制下にある議会政治はどうあるべきかを説いたのが、先にも紹介したバジョットによる『イギリス憲政論』の主題でした。

バジョットがこの本を出版した一八六七年には、イギリスでは第二次選挙法改正と呼ばれる議会改革が進められ、都市の労働者階級の男性世帯主にまで国政選挙における選挙権が拡大されていきました。いまだ労働者に選挙権など与えられていないヨーロッパ大陸の絶対主義的な諸帝国とは異なり、立憲主義を採っていたイギリスでは憲政は二つの部分に分けられるとバジョットは見ていました。

ひとつは民衆の尊敬の念を呼び起こしこれを保持する「尊厳的部分」であり、もうひとつが現実の政治を動かしていく「実効的部分」となります。一九世紀後半においては尊厳的部分は君主と貴族院、実効的部分は内閣と庶民院がそれぞれ担うようになっております。その尊厳的部分を担う君主制がイギリスで力強く続いているのは、君主制というシステムがわかりやすいからだとバジョットは指摘しています。

バジョットによれば、君主制は興味深い行動をするひとりの人間に、国民の注意を集中させる形態であり、逆に共和制はいつも面白くない行動をしている多数の人間に向かって、注意を分散させる形態なのです。その一方で人間とは感情に強く、理性に弱い生き物です。君主制はひろく多くの人々の感情に訴えるために強固であり、共和制は理性に訴えるために弱体であるとバジョットは考えているわけですね。

さらに本書の第2章で特に解説しましたが、宗教が君主制を補強してくれていることや、君主が社交界の頂点に君臨する一方で、人々が君主を道徳の指導者として考えるようになっていることなども、君主が実効的な部分を担う内閣（政府）とは異なる側面から、その強みになっているわけです。さらに立憲君主の場合には、政府や大臣と相対する際に「相談を受ける権利」、「奨励する権利」、「警告を与える権利」という三つの権利があり、優れた君主はこの三つを効果的に行使できることを知っており、さらに長い治世のあいだに経験を積んだ君主の場合には、これに太刀打ちできる大臣はごく少数となるのですね。

図24　ジョージ５世（右）といとこのニコライ２世（左）

ジョージ五世――立憲君主の鑑

このバジョットの理論を若き日に学び、のちに自身の治世で実践に移した立憲君主制の鑑《かがみ》ともされているイギリスの君主がジョージ五世（在位：一九一〇～三六年）でした（図24）。

ジョージは若い頃に、ケンブリッジ大学のジョゼフ・タナー博士から『イギリス憲政論』をテキストに個人授業を受けていました。まじめだった彼は几帳面《きちょうめん》にノートを付けていましたが、そのなかに次のような一文があります。「君主は諸政党から離れており、それゆえ彼の助言がきちんと受け入れられるだけの公正な立場を保証してくれている。君主はこの国で政治的な経験を長く保てる唯一の政治家なのである」。

このあと見ていくとおり、ジョージ五世は即位後早々に二大政党間の政争に巻き込まれていきますが、若い頃に学んだバジョットの金言にのっとって、公正中立の立場を貫きます。そしてこうした立憲君主のありかたを、将来君主として即位する有望な若者に学ばせたいと思うようになりました。その若者こそが一九二二（大正一〇）年にイギリスを訪れていた、当時二〇歳だった裕仁《ひろひと》皇太子、のちの昭和天皇だったのです。

国王は裕仁にタナー博士を紹介し、博士が作成した講演録の原稿はそのまま裕仁に渡されました。帰国後にその訳文も作られ、裕仁はそれを熱心に勉強したようです。そこにはバジョットの理論に基づいたイギリス立憲君主制のありかたがしっかりと書かれており、ジョージ五世を通じて、昭和天皇は無意識のうちにバジョットの理論を学んでいました。

ついでながら次代の明仁天皇も、皇太子時代に補導役だった小泉信三《しんぞう》博士（前職は慶應義塾塾長）とさまざまな文献を講読しましたが、そのうちの一冊がイギリスの外交官にして歴史家のハロルド・ニコルソンが記した『ジョージ五世伝』という公式の伝記だったのです。このなかにもジョージが若き日にバジョットから多くを学んだことや、のちに国王となって実際に立憲君主として立ち回ったことなどが詳しく描かれています。

イギリス立憲君主制の現実

それではジョージ五世は実際にはどのような君主だったのでしょうか。彼が国王に即位した一九一〇年五月は、イギリス議会政治が真っ二つにわかれ、与野党ならびに貴族院と庶民院のあいだの激しい闘争のさなかにありました。その原因は与党自由党政権が貴族院の権限を大幅に縮減する法案を議会に提出したことにありましたが、即位したての国王はいずれの側にも肩入れせず、まさに公正中立の立場から仲裁役を果たしていきました。

さらにその四年後には、ヨーロッパは第一次世界大戦に突入しました。イギリスでは、もはや戦争指導はときの政府に任されていましたが、ジョージ五世は国民の模範的な存在になろうと努力します。戦争が続く限りは、軍服以外の新調は差し控え、宮殿での晩《ばん》餐会《さんかい》でも酒類はいっさい出さないことに決めました。さらに暖房や照明の使用も最小限に抑えられ、お風呂もお湯は五〜六センチだけにして、あとは水で済ませました。

多くの国民が国王一家によるこうした質素倹約ぶりに感銘を受けたといわれています。まさにバジョットが述べた「人々が君主を道徳の指導者として考えるようになっている」時代の国王として、ジョージ五世は身をもってそれを示したわけですね。

また国王は戦争中は全国をくまなく回り、総力戦となった大戦に関わる老若男女すべてを激励しました。四年にわたる大戦中にジョージ五世が閲兵した陸海軍の連隊の数は四五〇、病院への慰問は三〇〇回以上、軍需工場や港湾で働く人々への激励も三〇〇回を超え、勲章や記章を自ら授与した国民の数は五万人を超えていたとされています。

こうしたジョージ五世の姿は、前章で紹介した、ドイツのヴィルヘルム二世やロシアのニコライ二世が大本営に閉じこもったまま国民の前に姿を現さなくなった情況とは対照的でした。このふたりはいずれもジョージ五世のいとこにあたりました。それゆえ、第一次世界大戦は「いとこたちの戦争」とも呼ばれています。しかし戦争への関与の仕方については、絶対君主の名残りをとどめるドイツやロシアの皇帝と立憲君主であるイギリス国王とでは異なっていたわけですね。大戦後にはヴィルヘルムもニコライももはや故国にその姿はなく、ジョージだけが君主としてとどまり続けました。

さらに第一次世界大戦では、国民の多くが「この戦争は王様と一緒に戦って勝利をつかんだ戦争だ」という意識を強く持つようになりました。終戦の翌年、一九一九年一一月から始められた戦没者追悼記念式典を、ジョージ五世は「国民の喪主」として取り仕切り、それは一世紀以上もの歳月を経た現在でも、彼の曽孫《ひまご》にあたる国王チャールズ三世（在位：二〇二二年〜　　）によって引き継がれているのです。

「政治的な経験を長く保てる唯一の政治家」

第一次世界大戦後のヨーロッパは、もはや戦前のような貴族政治の時代ではなくなっていました。男女普通選挙に基づく大衆民主政治が定着していったのです。そのようななかでも立憲君主であるジョージ五世は、国民から「国父」として慕われ、国難にあたっては政府と協力しながらこれに対処していきました。

イギリスが世界恐慌に巻き込まれていた一九三一年の夏、労働党のラムゼイ・マクドナルド首相が党内の分裂で辞任に追い込まれた際も、今は保守党だ労働党だと主張しているときではなく、すべての党派が協力して難局に立ち向かうよう訴え、マクドナルドを首班とする挙国一致政権を樹立させたのも国王でした。しかもこの直後におこなわれた総選挙で、政府側は九〇%を超える議席を獲得し、国民から全面的な支持を得られたのです。このときの政権樹立は、ジョージ五世がバジョットの言うとおり「この国で政治的な経験を長く保てる唯一の政治家」としての実力を発揮した事例といえるでしょう。

ジョージ五世のあとを継いだジョージ六世（在位：一九三六～五二年）も、敬愛する父と同様に立憲君主としての務めを立派に果たしていきました。彼はもともと大勢の人の前にでると緊張してどもってしまう性質でしたが、言語療法士《セラピスト》のもとに必死に通いながら、これを克服していったのです。

さらに即位して三年後には第二次世界大戦に直面し、やはり父ジョージ五世と同じように大戦中は国民のあいだを巡回して、人々を励まし続けていきました。今次の大戦では、戦闘機も開発され、一九四〇年の夏からはドイツ空軍による空爆で大勢のロンドン市民が命を落とし、バッキンガム宮殿も被害に遭いました。それでも国王は決して郊外へ逃げることもなく、大戦の最後までロンドンにとどまって国民とともに戦い続けたのです。

しかし、元来が身体の弱かった国王にとって、世界大戦は大変なストレスを与えることになりました。戦争の終結から七年も経っていなかった一九五二年二月六日に、ジョージ六世は静かに息を引き取りました。そのあとを継いで、二五歳の若さで王位に即《つ》いたのが、長女のエリザベス二世（在位：一九五二〜二〇二二年）だったのです（図25）。

図25　戴冠式にのぞむエリザベス女王とフィリップ殿下

エリザベス二世の七〇年

第二次世界大戦が終結してから三年後の一九四

八年、ときのエジプトの国王が次のような言葉を残しています。「この世の中で最後まで生き残る国王は五人だけだ。トランプの四人の王様とイギリス国王だけである」。このエジプト王自身も、それからわずか四年後には陸軍による革命で王座を追われてしまいました。あとで詳しく述べるとおり、第二次大戦後にはアジアやアフリカでも数多くの王制が廃止されていきます。

そのようななかで「最後まで生き残る王」といわれたイギリスの君主制は、エリザベス女王の七〇年以上に及ぶ長い治世のなかでどのような状況にあったのでしょうか。

二〇世紀後半から二一世紀にかけて、まさに現代世界に登場したエリザベス二世は立憲君主のモットーともいうべき「君臨すれども統治せず」の原則を貫きました。とはいえ、そのエリザベス女王にも中世から連綿と引き継がれてきた「国王大権（Royal Prerogative）」はしっかりと備わっていたのです。それは、議会の開会、首相の任命、議会制定法の裁可、各国外交官の接受といった、日本国憲法で天皇に認められている国事行為と同じものですね。ただし天皇と異なっているのは、国軍の最高司令官としての立場（大日本帝国憲法では天皇もこの立場にありました）とイングランド国教会の最高首長という役割でしょう。

これらの大権はすべて「国家元首（Head of State）」としての女王の役割となりますが、女王にはこれと並んで「国民の首長（Head of Nation）」としての役割もあります。それは国民全体に関わる問題に対してメッセージを寄せたり、さまざまな行事を取り仕切ってイギリスの政治・経済・社会・文化に継続性と安定性を与え、特に功績のあった国民を顕彰し、数多くの団体に関わって社会奉仕への援助をおこなうことなどが含まれています。

なかでも現代社会において君主にしか担えない役割が、国家や国民に継続性と安定性を与えるというものでしょう。共和制を採る国ですと、基本的には大統領や首相には任期があります。しかし君主制の場合には、君主自身がさまざまな理由で退位（譲位）を表明しない限り、その在位は亡くなるまで続きます。現にエリザベス女王の場合には、イギリス史上最長の七〇年七カ月ものあいだ君臨してきました。この間に女王に仕えた首相は一五人に及びます（図26）。彼女が即位したての頃は、イギリスの政治や外交についてはベテランの首相たちに頼るようなこともあったでしょうが、治世の後半には自分

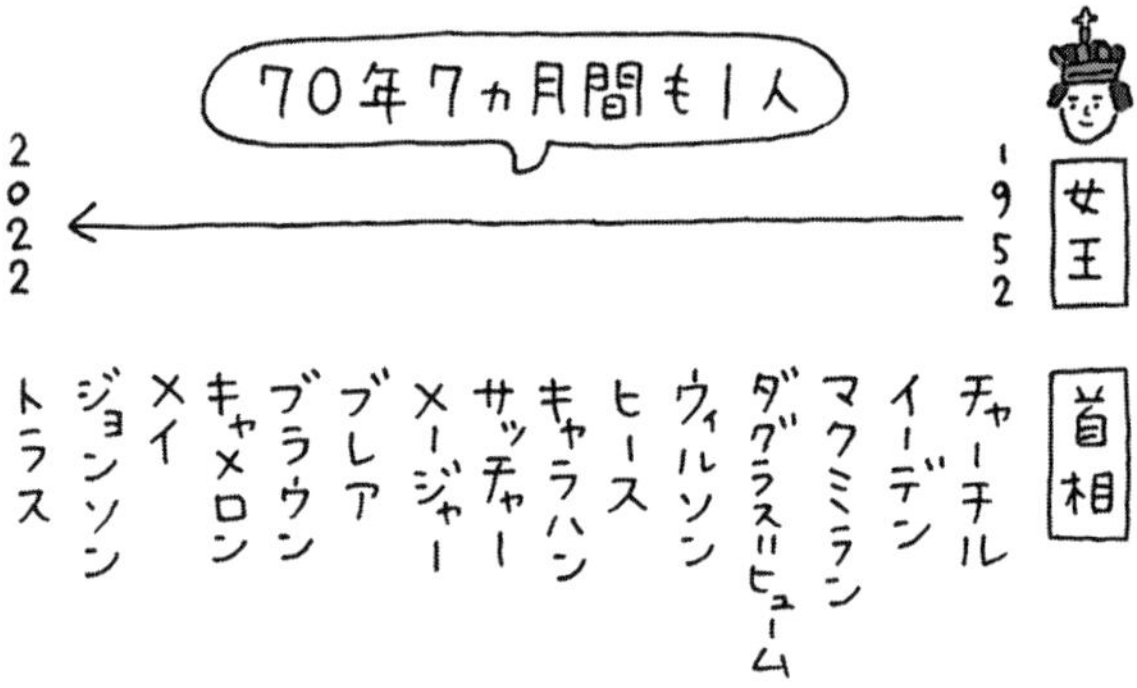

図26　女王と15人の首相

より年下の首相が就任し、女王が彼らに多くの助言をおこなっていたことが明らかになっています。

イギリスでは議会会期中には、毎週水曜日の夕方に宮殿で君主と首相が二人だけで会見し、その時々の政治問題を話し合っているのです。会見の内容は門外不出のため明らかになっていませんが、女王はかなりはっきりと自身の見解を首相に述べていたようです。もちろん最終的に政策を決定し、遂行するのはその時々の首相であり、政府となりますが、女王はこれらの政策にまったく関与していなかったわけではないのです。

エリザベス女王の外交

また長い在位を誇った女王の強みは外交の面で特

に発揮されました。エリザベス二世が相対したアメリカ大統領は一四人に及びました。治世後半のオバマ大統領やトランプ大統領にとって、女王は彼らが歴史の教科書でしか知らない、トルーマンやアイゼンハワーとも親しく接していたという事実だけで崇敬の対象となったのです。それは他の国々の首脳たちにとっても同様です。女王は、その七〇年に及ぶ治世のあいだに、海外を公式に訪れた回数は一三〇にもなり、訪問した国の数は一二八カ国でした。のべで計算すれば三五〇カ国以上にも及び、それは地球を実に四二周もした距離となります。

さらに女王が最も心血を注いだ相手がコモンウェルス（旧英連邦）の国々でした。女王の高祖母（ひいひいおばあさん）にあたるヴィクトリア女王（在位：一八三七〜一九〇一年）の時代には、本国と植民地という上下関係（あるいは搾取する側とされる側）にあったイギリスと各国は、それから半世紀以上経ち各国が自治領になるか独立国になるうちに、対等の関係で結ばれていくようになりました。とりわけエリザベス女王の場合には、彼女の戴冠式の直後に開かれた最初の会議（一九五三年）以来、コモンウェルスの首脳会議にはほぼ毎回出席し、各国の指導者たちと親密な関係を築いてきたのです。

こうした女王の長年の「外交歴」が世界史的な大事件を解決していくことにもつながりました。たとえばかつてイギリスの植民地であり、やがて自治領となったのちに「アパルトヘイト（人種隔離政策）」という人口の大半を占める非白人（主には黒人）を少数派の白人が徹底的に差別していった政策を採り、コモンウェルスからも脱退して独自の道を歩んだ南アフリカ共和国です。同国の周辺の指導者たちも女王も、アパルトヘイトを廃絶し、みなが豊かに平等に過ごせる南アフリカを取り戻したかったのです。最終的にコモンウェルスの絆の深さと女王をはじめとする指導者たちの協力により、一九九〇年代にはついにアパルトヘイトも廃止され、南アフリカはコモンウェルスにも復帰します。

また二一世紀にはいってからイギリスが直面した最大の危機は、二〇一六年六月に実施された国民投票の結果、ヨーロッパ連合（ＥＵ）からの離脱が決まったことに端を発しています。いわゆる「ブレグジット」ですね。このときも女王は政府からの要請に基づいて、王族のすべてをＥＵ加盟国に派遣し、離脱をスムーズに進めるために全面協力しました。また九〇歳を超えた高齢の女王自身も、海外から国賓を招き、大歓待をしたのでした。

変化するイギリス王室

このように国民のため、世界のために尽くしてきた女王ですが、七〇年の治世のなかで唯一国民から非難された時期がありました。それは長男チャールズ皇太子がダイアナ妃と離婚し、その翌年（一九九七年）の夏にダイアナがパリで事故死したときでした。すでに王室を離れていたダイアナに対して、女王は特に追悼の言葉も寄せず黙ったままでした。それが当時の国民の大半とはかけ離れた考え方だったのです。やがて女王は大急ぎでロンドンに戻り、テレビで追悼演説をおこなうとともに、ダイアナの葬儀にも出席しました。

しかしこのときは女王も王室も国民からの支持率をかなり下げてしまいます。実は国民の多くが、「慈善事業に精を出していたのはダイアナ妃だけで、王族は何もやっていない」と誤解していたのです。実際には、女王を筆頭に一五人ほどの王族だけで実に三〇〇〇にも及ぶ各種団体に深く関わり、彼らは毎日掛け持ちでさまざまな行事に出席するほど多忙でした。これは国民に対する自分たちの広報が足りないせいだと女王は即座に悟りました。

ちょうど一九九七年から立ち上げていた王室のホームページを充実化させるとともに、二一世紀にはいるとユーチューブ、ツイッター、インスタグラムにも参入し、女王は自分たちイギリス王室の公務や役割について国民たちにどんどん伝えていきました。おかげで国民の多くは女王や王族が桁外れの数の公務を担い、日夜自分たちのために奔走してくれていることに気づいたのです。ダイアナの死から一五年後の女王の在位六〇周年記念式典《ダイヤモンド・ジュビリー》、さらにその一〇年後の在位七〇周年記念式典《プラチナ・ジュビリー》は、国民全体がこの偉大なるひとりの君主の慶賀を総出でお祝いするような盛り上がりを見せました。

エリザベス女王が心がけたのは、王室というものは先祖伝来の格式や伝統を引き継いでいく一方で、時代とともに変化もしなければならないということでした。彼女が即位した一九五二年（日本では昭和二七年）と亡くなったとき（二〇二二年：日本では令和四年）とでは、イギリスはもとより世界全体が大きく異なっていました。人々の考えかたも、それに大きな影響を与えるメディアのありかたなども、この七〇年で大きく変わりました。時代に取り残されてしまっては、君主制であれ共和制であれ、国民の心から大きく離れた存在となり、やがては消えていく運命にあります。

それにいち早く気がついたエリザベス二世が、二〇二二年九月に九六歳で大往生を遂げたとき、イギリス国民の大半が嘆き悲しみ、天皇やアメリカ大統領など世界から貴顕が弔問に訪れたのは、まさに時代とともに変わり、イギリスをはじめ世界中の人々のために七〇年にわたる君主としての人生を捧げてきた女王への敬愛のあらわれだったのです。

現代ヨーロッパの立憲君主制――北欧とベネルクス

そのイギリス王室も、中世から近代にかけてはヨーロッパ大陸に君臨したハプスブルク家やロマノフ家（ロシア）などに比べても、格式や財力などでは劣る二流の王家にすぎませんでした。それがヴィクトリア女王の時代に「七つの海を支配する大英帝国」へと拡張し、二〇世紀の二度の世界大戦を契機に、ヨーロッパ随一の王室へと変貌していきます。

特に第二次世界大戦では、デンマーク、ノルウェー、オランダ、ベルギー、ルクセンブルクといったヨーロッパの君主国が次々とナチス・ドイツの軍門に降《くだ》り、オランダのウィルヘルミナ女王（在位：一八九〇〜一九四八年）、ルクセンブルクのシャルロット大公（在位：一九一九〜六四年）、ノルウェーのホーコン七世（在位：一九〇五〜五七年）ら各国の君主はロンドンに亡命し、ＢＢＣ（英国放送協会）のラジオを通じて本国にレジスタンス（ナチスへの抵抗運動）を呼びかけました。特にオランダ女王によるラジオ演説を毎回楽しみに聴いていたのが、『アンネの日記』で有名なかのアンネ・フランクでした。

また、君主らの子どもや孫たちはより安全なアメリカ、カナダに逃れ、連合軍（米英軍）によって各国が解放されるや、彼らは故国へと戻り、国民との団結を強めていきました。それと同時にヨーロッパの王室を救ったイギリス王室は、今や並ぶもののない最高の格式をここに誇ることとなりました。

それだけではありません。すでにイギリス王室は、ヨーロッパ各国の王室に先がけて、「時代の変化にあった王室」を掲げてさまざまな試みを進めていましたが、第二次世界大戦後には、各国もそれを採り入れて、国民との関係をさらに深めていくことになるのです。

まずは慈善事業等に関わる活動ですね。一六世紀まではヨーロッパでは貧しい人や障《しょう》碍《がい》のある人々への対応は、キリスト教の修道会が主に担ってきました。ところが宗教改革によって、プロテスタント諸国では修道院や修道会が解散させられてしまいます。これ以降は、ドイツ北部やイギリスなどでは、修道会に代わって君主自身が社会的に弱い人々の救済にあたり、自ら病院や支援団体を作っていくようになりました。

イギリスでは、一七六〇年代からそのような活動が活発になり、一九世紀にはいりヴィクトリア女王と夫のアルバート公が特に熱心でした。歴代の王や王妃、王子、王女らは、自身で立ち上げた組織や団体も含め、自然環境の保護、野生動物の保護、都市環境の整備、女性への支援、老人福祉、障碍者福祉、青少年教育、貧困の撲滅、医療の進歩、科学芸術の振興など、ありとあらゆる種類の慈善団体・振興団体の「後援者（パトロンと呼ばれます）」に就いて、社会のために奉仕する人々を支えるようになったのです。

それが先にも紹介しましたが、現在でもイギリス王室を支える一五人ほどの王族だけで三〇〇〇もの団体の後援者になっているという情況につながったわけですね。

　こうした王室のありかたはヨーロッパ各国にも影響を与えました。デンマーク、ノルウェー、スウェーデンという北欧三国やベルギー、オランダ、ルクセンブルクのベネルクス三国の王族たちも、みな率先してさまざまな慈善団体を立ち上げ、社会のために奉仕しています。スウェーデンのカール一六世グスタヴ国王（在位：一九七三年〜）の夫人であるシルヴィア王妃は、「世界子ども財団」を設立し（一九九九年）、子どもに対する虐待を防止する活動を積極的に展開しています。これにはヨーロッパ中の女王、王妃、王女らも賛同し、今ではヨーロッパ王室に女性王族ネットワークが生み出され、この財団の活動は全世界へと拡げられているのです。

　また、さきほども述べたようにイギリス王室が各国に先がけて取り組んできたのが、国民へのメッセージです。エリザベス女王は即位した一九五二年から、毎年ほぼ欠かさず「クリスマス・メッセージ」を国民に発してきました。一二月二五日の午後三時から女王は、その年に起こった出来事などを振り返り、国民とともに新たな年を迎えようと呼びかけました。それは亡くなる前年の二〇二一年まで続けられました。当初はラジオだけだったのが、白黒テレビ、カラーテレビへと移り変わり、今ではユーチューブからもすぐに見られるようになっています。

ヨーロッパ各国の王侯たちも「これはいい！」とやがてまねるようになりました。現在では君主制に関係なく、ドイツの首相やフランスの大統領も毎年暮れに放映していま
す。そしてヨーロッパ王室のすべてがイギリスに倣い、ホームページを立ち上げ、ユーチューブ、ツイッター、インスタグラムに参入して、日々の活動を国民に伝えていきます。

このようにイギリスに限らず、ヨーロッパにいまも残る王様は自分たちは「国民からの支持があってこそ」の存在であると自覚し、それゆえ国民たちの日々の生活が順調に進むように日夜努力しているのです。

女性の王位継承権

他方で、ヨーロッパの王室がイギリス王室より先んじて、時代にあった慣習を生み出すようなこともありました。イギリスでは中世以来、女性にも王位継承権がありましたが、ヨーロッパ大陸の多くの国が継承権を男性に限っていました。それに風穴を開けた

のが、デンマークでした。男女同権という時代性はもちろん、王様に嫁いだ王妃に「絶対に男子を産まなければならない」というストレスを与えないという問題もありました。一九五三年にデンマークでは憲法が改正され、女性でも継承できるようになり、その二〇年ほど後にマルグレーテ二世女王（在位：一九七二〜二〇二四年）が即位しました。

さらにお隣のスウェーデンでは、一九七四〜七五年の憲法改正により、それまで君主に付与されていた「国事行為」の権限の大半がなくなり、七九年の法改正で女性にも王位継承権が与えられるとともに、それまでのような男子優先ではなく、性別に関係なく第一子の継承権が優先されるという「絶対的長子相続制」も制定されます。この慣習は他のヨーロッパ諸国にも瞬く間に拡がり、現在ではスペインを除いて、ヨーロッパ七カ国の王室でこの制度が採用されています。ちなみにスペインでも女性の継承権が認められています。

イギリスでは、もともと女性の継承権があったということも関係してか、男子を優先する継承権がずっと続いてきたのですが、こうしたヨーロッパ大陸からの影響を受け、二〇一三年からは絶対的長子相続制へと移行しております。

六七〇〇万人以上の人口をもつイギリスとは異なり、ヨーロッパ大陸の君主国は人口もそれほど多くはなく、王室と国民の関係がイギリス以上に深い場合も多々見受けられます。オランダの歴代の女王は自ら自転車に乗り、宮殿を抜け出して、街へ買い物に行くことなどもたびたび見られたほどでした。またノルウェーのオーラヴ五世国王（在位：一九五七～九一年）も、護衛をいっさい付けずに街へ散歩に出て、肉屋さんや魚屋さんにもきさくに話しかけたりしていました。

あるとき国王の身辺を気にした警護の責任者が思いあまってオーラヴ五世に直談判《じかだんぱん》しました。「陛下、少なくとも護衛をひとりは付けてください」。すると日頃は優しい王様は、急に表情を変えてこう切り返したそうです。「私には四〇〇万人の護衛が付いているんだ！」。それは当時のノルウェーの総人口を意味する数字でした。まさに国民と王様とが一体となってこの国を支えていることを象徴していますね。

ヨーロッパ各国の王室はこのように、国民と一緒に第二次世界大戦後の苦境を乗り切り、いまや世界でも最も豊かで社会福祉や人権問題に手厚い国々を築き上げているのです。

現代の「絶対君主制」のゆくえ

第二次世界大戦後のヨーロッパでは、このように王室と国民が密接に関わりながら国を盛り上げていく傾向が見られましたが、アジアやアフリカではこれとは異なる状況が生み出されていきます。王様や王室が富や権力を独り占めにし、貧しさにあえでいる国民生活からかけ離れた贅沢《ぜいたく》を謳歌《おうか》し、次第に国民から信用を失っていったのです。このため戦後には、君主制への怒りが爆発した国民の革命や彼らから支持を受けた軍部によるクーデタによって、数多くの王様たちが国を追われ、場合によっては処刑されてしまいました。

エジプト（一九五二年）、チュニジア（五七年）、イラク（五八年）、リビア（六九年）、アフガニスタン（七三年）、エチオピア（七四年）、イラン（七九年）、さらに二〇〇八年にはヒマラヤ山脈にあるネパールでも君主制が打倒されてしまったのです。

しかし、現在でも中東やアジアには君主制が残っております。特に中東では、サウジアラビア王国を筆頭に、オマーン、クウェート、カタール、バーレーン、アラブ首長国連邦、ヨルダン、モロッコの八カ国が国王や首長によって治められています。これらの国々では憲法が制定され議会も設置されているのですが、実際には君主が大きな権力を備えており「絶対君主制」に位置づけられています。それではなぜこれら八カ国では、一九七〇年代以前に周辺の中東諸国で生じたような革命やクーデタが起こらなかったのでしょうか。

近年ではこれら八カ国は「王朝君主制」を採る国々と呼ばれています。王朝君主制とは、君主が単独で支配するのではなく、支配家系の構成員である王族が行政や軍隊などの要職を占有し、支配家系が一体となって統治する政治体制を意味します。特に内閣を構成する大臣はもとより、内務省や外務省、国防省の主要ポストや軍部の要職をすべて独占します。先に紹介したエジプトやイラクやイランの場合には、君主とその直接の一族を放逐してしまえば革命は成立しましたが、これら王朝君主制を採る場合には国家の支配階層の大半を追い出さなければ革命は成立しません。そのため体制が盤石なわけですね。

変化する王朝君主制

ところが近年、この王朝君主制にも歪《ひず》みが生じてきたと言われています。二〇一一年の前後に中東諸国では「アラブの春」と呼ばれる民衆運動が発生しました。かつて専制的な君主たちを放逐し、民衆のための政治を約束して大統領や革命評議会議長などに就いた、チュニジア、リビア、エジプトといった国々の指導者たちが皮肉にも三〇年以上にわたる長期政権を率いていくうちにいつしか民衆の心を忘れ、自らが「暴君」となってしまったのです。彼ら指導者たちは民衆による革命でその座を追われました。

しかしこの危機をサウジアラビアやペルシャ湾岸にある周辺の君主国は乗り切っています。「自分たちは国民から信頼されている」と思い込んでしまった君主たちは、それまで傍系をも含めた支配家系全体で支えてきた王朝君主制から、君主と皇太子を中心とする狭い家系（直系）内で政治的要職を占有する体制へと変換してしまい、王位継承制度も彼ら主流派に都合のよいものへと替えていきます。それはまた、支配家系の傍系を養うために極端に肥大化していた行政機構を整理し、支配家系の傍系による政治汚職を断つべきだとする、国民の声にも呼応するような政策にもなりました。

さらに以前はこれら中東諸国では一夫多妻制が一般的であり、君主が多くの妻を持って多くの子孫を残すのが普通でした。サウジアラビアの開祖アブドゥルアズィーズ（在位：一九三二～五三年）には、一説では四〇人以上の妻がおり、子どもは八九人に及んだともされています。これが近年では、かつてのような部族意識が薄まり、大家族よりは小家族が一般的となり、兄弟や従兄弟《いとこ》との関係より親子関係のほうが重視される傾向に変わってきているのです。それがまた、これまでは兄弟間や従兄弟間での王位継承が普通であったこれらの国々に、君主自身の子どもへの王位継承を望む王侯らが増えている現状にもつながりました。このため王朝君主制の基盤が崩れ、支配家系内部で権力闘争が生じたり、王室外部の国民による革命が成功する可能性も高まってしまうわけですね。

石油や天然ガスなどの豊富な資源のおかげで、これら中東君主国は経済的に潤いましたが、サウジアラビアを除くと、もともと人口が少なくその経済活動の多くは移民に頼らざるを得ませんでした。今後もこれらの国々が君主制を維持していくためには、背景となる文化や歴史、宗教や宗派の異なる移民の人々と形成する社会的多元性を保全しなければなりません。そのためには君主が過度に権力を集中させたり、人々に革命思想を育ませるような急進的な近代化を進めるようなことは避けなければなりません。また民族や宗教、政党の多元性を保とうとするならば、さまざまな集団のあいだに反政府連合を作らせないよう、お互いを対抗させるような分断統治も必要となってくるものと思われます。

これらの国々のなかで石油資源に頼ることのできないヨルダンやモロッコでは、かつて絶対的な権限を誇った君主たちは、近年ではより立憲君主制に近づく傾向も示しています。これまでヨーロッパ流の立憲君主制とは相容《あいい》れなかった中東の君主国も、ある程度はその流儀を変えなければ生き残れない時代になっているのかもしれません。

アジア・アフリカの君主国

かつてタイの近代化を築いた国王ラーマ五世（在位：一八六八～一九一〇年）はこのような言葉を残しました。「ヨーロッパで小麦が栽培されているのと同じやり方で、タイの土壌で米を育てることなどできない」。確かに、ヨーロッパで何百年もかけて醸成された「立憲君主制」を、そのままアジアに持ち込むことには無理があるかもしれません。

しかしそのラーマ五世の孫にあたるラーマ九世（在位：一九四六〜二〇一六年）による七〇年以上に及ぶ治世のあいだに、タイの政治も大きく変わりました。タイでは国王自身が国軍、政党政治家、財界といったエリート間で調整役を務めることで、その政治や社会が一定の安定を保ってきました。ただしその均衡は、人口の多数派を占める低所得者層や地方住民から圧倒的な支持を集めたタクシン政権（二〇〇一〜〇六年）が登場し、大きく崩れてしまいます。官僚や国軍は王室とともに反タクシン派を形成し、二度の軍事クーデタと三度の憲法裁判所判決により、タクシン派の政権を排除したのです。

第二次大戦後のタイでは、民衆からのもろもろの改革要求がエスカレートするようなときに、国王が軍事クーデタを容認し、これを抑えるという事例がパターン化してきました。このような政治のありかたもラーマ九世が亡くなったあとには、多くの国民から批判されています。ラーマ九世の七〇年間を貫いてきた、このようなタイ流の「立憲君主制」にも曲がり角がおとずれているのかもしれません。

また、中東以外でも、たとえば東南アジアではブルネイ（ボルネオ島北部）、アフリカではエスワティニ（アフリカ南部：二〇一八年までの国名はスワジランド）などが「絶対君主制」に近い体制を採っております。特にエスワティニでは、国民の多くが貧しい生活に耐えているなかで、国王が多くの宮殿や別荘、高級車を持ち、王族だけで贅沢な暮らしをしているとの批判も上がってきています。

本章で先にも説明したとおり、第二次世界大戦後の日本ではイギリス流の立憲君主制に範をとるような象徴天皇による君主制が根づいているのです。アジアに限らず、アフリカの君主制にも、ヨーロッパ流の立憲君主制のありかたが大きな影響を与える時代になっているのではないでしょうか。

二一世紀に君主制は必要なのか

二〇二四年現在、国際連合に加盟している世界の国々は一九三カ国にのぼります。このうち君主制を採っている国は（この日本を含めて）二八カ国となります。これにイギリスの君主を自国の国家元首としている英連邦王国一四カ国をあわせても四二カ国ですから、世界の大半の国々は共和制を採用しているわけですね。このなかには、フランスやドイツのように君主制から移行した国もあれば、独立当初から共和制を採っている国もあります。いずれにせよ、現代世界の趨勢《すうせい》（物事の流れ）は共和制に傾いているといえましょうか。

それでは君主制はもはや現代世界には必要ないのでしょうか。このまま「時代遅れの過去の遺物」として他の国々のように共和制へと移行してしまう運命にあるのでしょうか。

これまで本書で五〇〇〇年に及ぶ君主制の歴史を見てきました。人類の歴史が始まった頃から登場してきた君主たちがもともと担ってきた役割とは、自身の民たちを外部の攻撃から守り、自身が支配する領域内で民に豊饒《ほうじょう》と平安を保障し、民にとっての社会正義の擁護者としてふるまうことでした。

二一世紀のこんにちではこうした役割は各国の政府が担っていますね。しかし人類の歴史が積み重なるに従い、統治者である政府の役割はますます増えていったのです。昨今の事例では、二〇二〇年頃から世界に蔓延《まんえん》したコロナ禍への対応、二〇二二年二月から始まったロシア・ウクライナ戦争が生み出した影響など、日本政府に限らず、世界中の国々の政府が大なり小なりこれらに奮闘しています。さらに日常生活にも関わる財政、外交、軍事、通商、福祉など、政府が関わる問題は時代とともにより煩雑化し、多様化しています。

こうしたときに政府の手からこぼれ落ちてしまうのが、残念ながら「社会的な弱者に対する救済」となる事例が多いのです。この場合の弱者とは、病気や障碍を持つ人々や、お年寄り、子ども、そしてシングルマザーなどの人々ですね。さらに近年では、外国から仕事を求めて他国に移り住んでいる移民の人々も含まれるでしょう。

こういった人々に政府とは別の方法で手を差し伸べてきたのが、イギリスを筆頭とするヨーロッパの王室だったのです。すでに本章でも述べたとおり、各種慈善団体の長として君主や王族たちは、これら社会的な弱者の人々と常に直接ふれあい、彼らがいま最も必要としていることについて熟知しています。それは日々の業務で文字通り「お役所仕事」しかできない行政とは異なる立場から、まさに人々に寄り添った責務として果たされています。ヨーロッパでは中世以来、高貴なるものには必ず人々を守る責務がともなうという「高貴なるものの責務（ノブレス・オブリージュ）」と呼ばれる考えが根づいています。

このノブレス・オブリージュをいまの世でも実践している最も代表的な存在が王室なのです。立憲君主制の時代にあっては、ヨーロッパの王侯たちは政治や経済、外交や軍事の最前線には姿を現しません。それは各国の政府の役割だからです。しかしその政府の手が及ばない部分を補完する役割をしっかり果たし、まさに「国民統合の象徴」としての役割を彼ら王侯たちが担っているのです。

特に二一世紀にはいってから、アメリカやヨーロッパといった先進国では国民のあいだに経済格差が広がり、低所得者層である大衆に直接的に政治や社会の改革をポピュリスト（過度な大衆迎合派）と呼ばれる政治家たちが訴え、「自分たちだけよければいい」という風潮が顕著に見られるようになりました。トランプ大統領時代（二〇一七〜二一年）のアメリカ合衆国がその典型例ですね。

アメリカは共和制を採っており大統領の権限は絶大です。このトランプ時代にアメリカ国内はいくつものグループに分断され、さらに「アメリカの利益が第一（アメリカ・ファースト）」を政府がとなえていたこともあり、ヨーロッパ諸国や世界各国との関係もぎくしゃくしたものになりました。同じく大統領の権限が強いフランスや、大統領よりも首相の権限のほうが優先されるドイツ、イタリアでも同じような動きが見られました。

そしてブレグジットへと踏み切ったイギリスや、ベネルクス、北欧の君主国でも同様の考え方は見られました。しかし、大統領や首相といった実質的な「権力」とは別に、「権威」を備えた君主の存在が見られる国々では、共和制の国に比べてもこのような国民間の分断は和らげられていたと思われるのです。

実際に、世界中に人種的・文化的な多数派を主体とする政治が拡がるなかで、性的少数者（ＬＧＢＴ）の尊重や多文化共生社会の実現をいち早く唱えていたのが、ベネルクスや北欧の君主たちでした。これらの国々では、政府が多数派の利益を強引に押し通そうとするとき、それに歯止めをかけてくれるのが君主たちなのです。

他方で、植民地から独立したアフリカ諸国やソ連解体（一九九一年）後のロシア共和国、さらには二一世紀以降の中華人民共和国、第二次大戦以後の朝鮮民主主義人民共和国など、共和制を採る国に「独裁者」ともいうべき強大な権力を行使する指導者たちが次々と登場し、人々の人権を侵害していることにも注意を払う必要があるでしょう。

もちろん今後の各国の歴史のゆくえについてはわかりません。しかし、現代世界の立憲君主たちが、権力を握る政府と諸政党間との対立から超然として公正中立の立場を守り、社会的な弱者や少数派の人々のために日夜尽力し続ける限りは、「君主制」はこれからも人々とともに手を取り合っていくことでしょう。

おわりに

「ああ、依怙《えこ》贔屓《ひいき》する眠りよ、嵐の夜船乗りの少年に安眠を恵むおまえが、どうして凪のそよぎ一つせぬ静かな夜、しかもおまえを迎えるためのあらゆる手立てを講じた国王には安眠を拒むのだ？　しあわせな賤民《せんみん》よ、眠るがいい！　王冠をいただく頭には安らぎが訪れることはない」。

これはイギリスを代表する劇作家ウィリアム・シェイクスピアの戯曲『ヘンリー四世』第二部（小田島雄志訳、白水ブックス、一九八三年、九四～九五頁）のなかの一節です。この台詞《せりふ》を語るイングランド王ヘンリ四世（在位：一三九九～一四一三年）の治世の大半は、各地での蜂起や反乱、暗殺計画に国中が乱れ、王は心安まるときがありませんでした。自らの身の危険だけではなく、王というものは国の平安のために常に心を砕くものです。

その点は、第3章でも紹介しましたが、清《しん》王朝最盛期の中華皇帝のひとり雍正帝《ようせいてい》（在位：一七二二〜三五年）が執務室の入口に掲げていた言葉とも符合するものかもしれません。「君主であることは難しいことだ」（一二六頁）。

この本では、古代エジプトから現代世界に至るまで、数多くの王様たちの姿を紹介してきました。もちろんなかには「暴君」ともいうべき人物もおり、私利私欲のために国民を虐げるようなことも見られたでしょう。しかし君主としての責務を果たそうと必死になっていた、このヘンリ四世や雍正帝のような人々にとっては、一国に君臨し、統治するということは大変な難業だったのかもしれません。

イギリス国王・チャールズ三世の変革

そのヘンリ四世から六〇〇年ほどのちの子孫にあたる、イギリス国王のチャールズ三世（在位：二〇二二年〜　）は、二〇二三年五月六日にウェストミンスタ修道院で厳かに戴冠式をおこないました。それは古代イングランドから一〇〇〇年以上にわたって続く、由緒ある儀式であったとともに、チャールズ国王が学生時代から積極的に取り組んできたふたつの課題も巧みに盛り込まれていました。

ひとつは地球環境問題です。二一世紀の現在でこそ、環境汚染や地球温暖化といった問題はまさに全人類的な最先端の取り組みが必要な課題です。しかし一九六八年（日本では昭和四三年）において、それはあまりにも時代を先取りしすぎた課題であり、チャールズは「変人」扱いされました。それがいまや時代のほうが国王に追いついてきたのです。

今回の戴冠式でも自然をこよなく愛する王を象徴するように、大きな木が描かれた仕切り幕が塗油の儀式の際に使われ、またその聖油には絶滅が危惧される動物に関わるような香料はいっさい使われることはなかったそうです。

そしてチャールズ国王が早くから取り組んできたもうひとつの課題。それが異宗教間の対話でした。国王はイングランド国教会の首長にしてスコットランド教会の擁護者です。つまり熱心なキリスト教徒ではあります。しかし、彼は「宗教とは根本的にはすべて同じなのではないか」と若い頃から疑問を抱き、友人たちとコーラン（イスラームの聖典）を読んだり、他の宗教についても研究を重ねてきました。

今回の戴冠式でも、戴冠を受けた王がキリスト教会から「承認」を受ける儀式の際には、イングランド国教会とスコットランド教会の代表に加え、カトリックや東方正教会、プロテスタント諸派の代表もこれに参加したのです。さらにすべての儀式を終えて修道院から出ようとした国王は、出口の所でイスラーム、仏教、シク教、ヒンドゥー教、ユダヤ教といった諸宗教の指導者たちからも祝福を受けました。

これより七〇年前（一九五三年）におこなわれた母エリザベス二世の戴冠式のときには、儀式を取り仕切ったのは白人、男性、イングランド国教会でした。それがチャールズ三世の戴冠式では、非白人、女性、他宗派、他宗教の人々も大切な役割を担うようになったのです。この七〇年間でイギリスは大きく変わりました。王室も時代とともに変えなければならないという、チャールズ国王の意思が伝わってきますね。

未来の君主たち

他方で、王室はつねに変わらない部分も備えています。チャールズ国王の戴冠式で、王の長いガウンの裾をもつ役割を果たした少年のひとりが、国王の孫ジョージ王子（二〇一三年生まれ）でした。歴代王の戴冠式で「未来の王様」がこのような役割を担ったことはありませんでした。この点は王室による刷新といえます。

そのジョージ王子がやがてイギリス国王になる頃までには、ヨーロッパの王室のほとんどは「女王陛下の時代」を迎えているのかもしれません。

第5章で紹介しましたが、ヨーロッパ各国が男女を問わず第一子が王位継承で優先される「絶対的長子相続制」を採用したこととも関わり、あと三〇年ぐらい経つと、各国に女王陛下が登場してくるのです。ベルギーのエリザベート皇太子（二〇〇一年生まれ）、オランダのカタリナ・アマリア皇太子（二〇〇三年生まれ）、ノルウェーのイングリッド・アレクサンドラ王女（二〇〇四年生まれ）、そしてスペインのレオノール皇太子（二〇〇五年生まれ）といったかたがたですね。

このなかで最年少のレオノール皇太子も二〇二三年には一八歳を迎えました。このため彼女はこの年の八月からサラゴサ（スペイン北部）にある陸軍士官学校に入学し、軍事訓練を受けているのです。それはレオノール王女に限りません。ベルギーのエリザベート皇太子も、ノルウェーのイングリッド・アレクサンドラ王女も、みな一八歳を迎えると同時に同様の訓練を受けています。オランダのカタリナ・アマリア皇太子の場合には、アムステルダム大学を卒業されたら、同様の軍事訓練に入られることでしょう。

なぜ「女の子なのに」軍事訓練など受けるのでしょうか。それは彼女たちが将来、女王として国軍の最高司令官になるからです。いざというときに国を守るのは「高貴なるものの責務（ノブレス・オブリージュ）」であるという考え方は、いまの世にもしっかり生き続けているのです。それと同時に、「男女同権」という言葉から、私たちはどうしても誤解しがちなのですが、同じ権利を持つということは、同じ義務を果たすことも意味するのです。「女の子だから特別」などということは通用しません。

また彼女たちは、一八歳を過ぎたときから、お父さん（国王）たちと一緒に国の重要な問題を大臣たちと討議する「国務会議」にも出席しています。彼女たちが女王になるのはまだ先のことかもしれませんが、いまのうちから国家にとって、国民にとって、いまなにが重要なのかを知っておくと同時に、国務会議を通じて大臣たちとどのように接していくのかも、「お父さんの背中を見ながら」学んでいくのが目的なのです。

このように二一世紀のこんにちでも、王様たちはその時々の時流とともに変わりながら、まさに人類の歴史が始まったときから続く「外敵からの保護」「民の豊饒《ほうじょう》・安寧」「社会正義の擁護」といった王の重要な役割を果たしてきているわけですね。

これらヨーロッパ王室の皇太子たちにとっての大先達ともいうべき存在が、二〇二二年九月に七〇年以上にわたる在位を終えて崩御したイギリスのエリザベス二世でした。そのエリザベス女王が一九七五年に来日した際、次のような言葉を残しています。「王は孤独なものです。重大な決定を下すのは自分しかいないのです。そしてそれから起こる全責任は自分自身が負うのです。（中略）私には数多くの助言者がおります。私の夫はその最たるものです。そして、王室関係者、政府関係者が献身的に、責任を持って事にあたってくれます。心から感謝しています。しかし歴史に裁かれるのは私であると覚悟しております」。

本書の「はじめに」の冒頭で示しましたが、チャップリンの名作『ニューヨークの王様』のなかで、ひとりの少年が何気なく尋ねた「王様は何でえらいの？」という問いかけに対する答えのひとつが、ここに見いだせるのかもしれません。

本書は、筑摩書房でお世話になっている増田健史氏より「中高生にもわかりやすく君主制の意味を説いてもらいたい」というご依頼に応えて書かれたものです。増田氏が、当初抱いておられたご期待に添うものになっているか否かは、甚だ心許《こころもと》ない限りなのですが、著者なりに書いてみたつもりです。増田氏は、ここ数年は会社の運営にも深く関わらざるをえず、そのようななかでも本書の編集に携わってくださいました。ここにあらためて増田氏に感謝したいと思います。

そして最後の部分で増田氏から編集作業を引き継いでいただいた、編集局第三編集室の守屋佳奈子氏にも大変お世話になりました。ここにお礼申し上げます。

さらに、中国の君主制については、岡本隆司先生（京都府立大学教授）にご教示いただきました。ここに感謝いたします。

また、いつも著者を見守り続けてくれている、家族にも謝辞を呈します。

そして、本書を七〇年以上にわたってイギリス、さらには世界のために力を尽くされた亡きエリザベス二世女王陛下に捧げさせていただければと存じます。チャップリンも親しく接した亡き女王の生涯を見ていただければ、「王様は何でえらいの」かも、映画のなかの少年だけではなく、世界中すべてのかたがたにわかってもらえるのではないかと思います。そして本書がその理解を補う一助になってくれることを祈念してやみません。

二〇二四年二月六日

エリザベス二世女王の即位から七二周年の日に

君塚直隆

＊次に読む本＊

ここでは、本書を執筆するにあたって参考にした本のなかから、みなさんにさらに読み進めてもらいたいものをいくつかあげておきます。以下の本は、比較的読みやすいと同時に、図書館や書店などで、みなさんにも手に入れられやすいものに限りました。

【第1章にかかわるもの】

笈川博一『古代エジプト　失われた世界の解読』（講談社学術文庫、二〇一四年）
岡本隆司『君主号の世界史』（新潮新書、二〇一九年）
鈴木真太郎『古代マヤ文明　栄華と衰亡の3000年』（中公新書、二〇二〇年）
檀上寛『天下と天朝の中国史』（岩波新書、二〇一六年）
中田一郎『ハンムラビ王　法典の制定者』（山川出版社、二〇一四年）
前田徹『メソポタミアの王・神・世界観　シュメール人の王権観』（山川出版社、二〇〇三年）

【第2章にかかわるもの】

青柳かおる『ガザーリー　古典スンナ派思想の完成者』（山川出版社、二〇一四年）
君塚直隆『貴族とは何か』（新潮選書、二〇二三年）
佐藤次高『イスラームの国家と王権』（世界歴史選書、岩波オンデマンドブックス、二〇一五年）
中谷功治『ビザンツ帝国　千年の興亡と皇帝たち』（中公新書、二〇二〇年）

【第3章にかかわるもの】

石田保昭『ムガル帝国とアクバル大帝』（新・人と歴史 拡大版36、清水書院、二〇一九年）
小笠原弘幸『オスマン帝国 繁栄と衰亡の600年史』（中公新書、二〇一八年）
岡本隆司『明代とは何か 「危機」の世界史と東アジア』（名古屋大学出版会、二〇二二年）
千葉治男『ルイ14世 フランス絶対王政の虚実』（新・人と歴史 拡大版26、清水書院、二〇一八年）
宮崎市定『科挙 中国の試験地獄』（中公新書、一九六三年）

【第4章にかかわるもの】

A.de トクヴィル（井伊玄太郎訳）『アンシャン・レジームと革命』（講談社学術文庫、一九九七年）
池田嘉郎『ロシア革命 破局の8か月』（岩波新書、二〇一七年）
笠谷和比古『主君「押込」の構造 近世大名と家臣団』（講談社学術文庫、二〇〇六年）

【第5章にかかわるもの】

君塚直隆『ジョージ五世 大衆民主政治時代の君主』（日経プレミアシリーズ、二〇一一年）
君塚直隆『立憲君主制の現在 日本人は「象徴天皇」を維持できるか』（新潮選書、二〇一八年）
君塚直隆『エリザベス女王 史上最長・最強のイギリス君主』（中公新書、二〇二〇年）
水島治郎・君塚直隆編『現代世界の陛下たち デモクラシーと王室・皇室』（ミネルヴァ書房、二〇一八年）

chikuma primer shinsho

ちくまプリマー新書 450
君主制《くんしゅせい》とはなんだろうか
二〇二四年三月一〇日　初版第一刷発行
二〇二四年五月一〇日　初版第二刷発行

著者　君塚直隆（きみづか・なおたか）
装幀　クラフト・エヴィング商會
発行者　喜入冬子
発行所　株式会社筑摩書房
東京都台東区蔵前二―五―三　〒一一一―八七五五
電話番号　〇三―五六八七―二六〇一（代表）
印刷・製本　株式会社精興社
ISBN978-4-480-68477-6 C0220　Printed in Japan